東海林さだお

レーライスの丸かじり

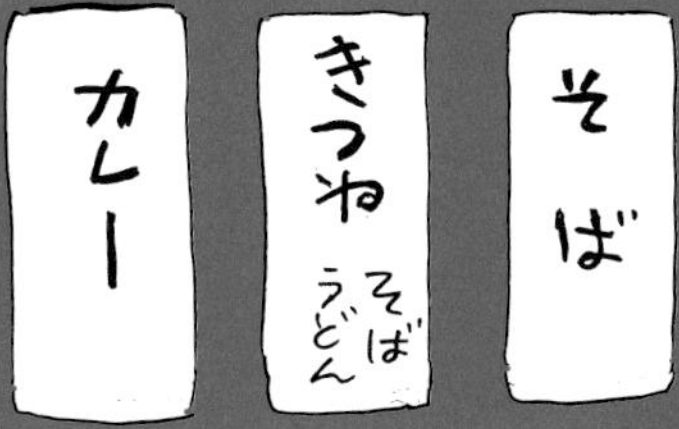

朝日新聞出版

カレーライスの丸かじり*目次

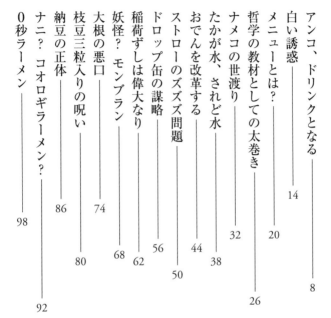

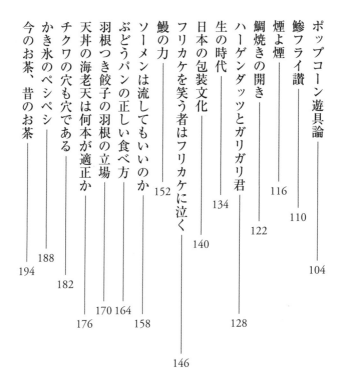

装丁　加藤光太郎

カレーライスの丸かじり

◉アンコ、ドリンクとなる

もしかすると日本人はアンコに対する考え方が甘かったのではないか。

甘かったがゆえに今回のこのような事件が起きてしまったのだ。

今回どのような事件が起きたのか。

アンコが閉じ籠《こも》ってしまったのだ。

このところ立て籠り事件とか閉じ籠り事件がしきりに起きているが、今回はアンコが歯みがきのチューブみたいなところに閉じ籠った。

アンコというものはもともとアンパンの中とか、饅頭の中とか、最中《もなか》の皮の中などに閉じ籠る性癖があることはあるのだが、今回はこともあろうにチューブの中に閉じ籠った。

場所を間違えた、と言わざるをえない。

アンコはなぜ場所を間違えてしまったのか。

ここでこの文章の冒頭の「日本人はアンコに対する考え方が甘かった」というところに戻る。

アンコはもともと甘いので考え方もつい甘くなってしまうのは仕方がないにしても日本人はアンコを放任しすぎた。

もっと、ちゃんと規定しておくべきだったのだ。

アンコとはどういうものなのか、そこんところをきちんと規定しておくべきだった。

たとえば外国人に、

「アンコとは？」

と質問されてちゃんと答えられる日本人は何人いるだろうか。

日本人同士でさえきちんと答えられる人は少ないのではないか。

「ンート、あの、ホラ、入ってるんだよね、パンとか饅頭の中に……小豆なんだよね材料は、そして甘いわけ、砂糖入ってるから、もちろん小豆は煮てよーく潰してあって……」

と、これでは外国人には何がなんだかわからない。

「アンコには定職がない」という点もアンコの存在を曖昧にしている。

アンコはパンとか饅頭などの求めに応じてその都度出かけていく。

つまり派遣社員。

よく考えてみると正規の社員ではなかったのだ。

ここのところも多くの日本人が、これまでついうっかり見逃していた事実である。

みんな、なんとなく正社員だと思っていた。

アンコはこのように、アンコ自身の考え方と、人間側の理解との間に大きな齟齬《そご》があった。

その本質を充分に解析されないままこの世に存在してしまった。

実存してしまったのだ。

ところが「実存は本質に先立つ」のだ。

サルトルがそう言ったのだ。

さあ、アンコは困った。

人間も困った。

双方が困ったまま今日《こんにち》まできてしまった。

その困惑がアンコをしてチューブの中に閉じ籠らしめたのである、と指摘する識者も多いと聞く。

とにかく、今回、アンコはチューブの中に閉じ籠ったのだ。

この事実は事実なので否定しようにも否定することはできない。

とりあえず現物を見てみよう。

ウーム、タテ13センチ、ヨコ8センチほどの透明なチューブの中に、確かにアンコが閉じ籠っている。

チューブの表面には「ANko」の文字。

そしてパンフレットには「『飲む』あんこ」。

なに？　飲むアンコ？　アンコを飲む？

発売元は「築地果汁創作所」、内容量115g、値段350円（税込み）。

パンフレットには「スポーツドリンク」「エナジードリンク」など、ドリンクの文字がやたらに目立つ。

会社の名前に「果汁」が入っているし、会社はどうやらアンコを「ドリンク」の方向に持っていきたいらしい。

日本人はアンコをドリンクとして認識したことはこれ

まで一度もない。

だがここではアンコがはっきりドリンクとして扱われている。

言わんこっちゃない。

アンコとは何かをきちんと規定しておかなかったゆえにこういうことになる。

ドリンク、すなわち飲み物。

飲み物といえばすなわちゴクゴク。

日本人なら誰もがそう思うがそのへんははたしてどうなのか。

(115グラム)
the
ANKo
13 cm
8cm

ネジ式の吸い口をネジって取る。

口に当てる。吸う。

出てこない。

手でチューブを押す。

ニュルニュル出てくる。

ドリンクならゴクゴクだろ、ニュルニュルじゃないだろ、と思うが、向こうがニュルニュルでしか出てこないのでニュルニュル出てきたものを飲もうとするのだが、なにしろニュルニュルなので飲もうとしても飲めない。

いったん口の中で停滞する。

停滞されればどうしてもそれを味わってみようという気持ちが起こるのは人情で飲む行為を中断させて舐めることになる。

本人は行為の全体を一挙にと考えていたのにここで中断が入る。

ビールで考えるとよくわかるが、ビールは一挙にノドの奥へ放り込む。

飲み物とは本来そういうものなのだ。そこに快感がある。

だが、もしこのドリンクと称しているこのものを一挙にノドの奥に放り込んだらどうなるか。

目を白黒、手足バタバタ、ノド、グエッグエッ。

まてよ、これはこれで飲み物の新しい飲み方で、いずれビールのＣＭにも採用されるかもしれないぞ。

◉白い誘惑

油断していたというわけでもないのだが、ちょっと目を離したスキに鯛焼きが変わり果てた姿でコンビニの棚に横たわっていた。

このところ鯛焼きにご無沙汰していた。

かれこれ3年はご無沙汰していたと思う。

鯛焼きはどんなふうに変わり果てていたのか。

色がまっ白になっていた。

モチモチになっていた。

ヘナヘナになっていた。

ナヨナヨになっていた。

本来の鯛焼きはどういうものであったか。

色は焦げた茶色だった。

皮がカリカリしていた。

目鼻立ちがハッキリしていた。

全体がパキパキしていた。鯛焼きとは熱いものだった。

「アチアチ」なんて言いながら食べるものだった。

なのに、コンビニの棚に横たわっている白い鯛焼きの袋には「要冷蔵」の文字が見える。

冷たいものになっていたのだ。

かつての鯛焼きは目鼻立ちもはっきりしていて、ウロコなんかもひとつひとつがはっきりと浮き上がっていたのに、コンビニの鯛焼きはのっぺりしている。

白くてのっぺりしていてナヨナヨしていてクネクネしている。

それを見たとき、ぼくは急にマット君を思い出してしまった。

マット君、知ってますよね、Ｍａｔｔ君、巨人軍の桑田真澄投手コーチのご子息。

鯛焼きというものは、ああいうアンコ系の菓子の仲間うちでは、どちらかというと硬派系だと思っていた。

それなのに急にクネクネ、ナヨナヨ、まっ白。

それでマット君を思い出してしまったのかもしれない。

とにかくこれまでの鯛焼きのイメージはまったくない。

鯛焼き界のニュースタイル。

このニュースタイルの名前は「しろもちたい焼き」。

文字どおり皮がモチモチ。

セブン－イレブンで売っていて値段は１３８円（税込み）。

問題は鯛焼きのお腹の中。

本物はアズキのアンコだがこっちはカスタードクリーム。

さっそく買って帰ってしみじみ眺めて見たのだが、さっきも説明したが作りがどうにもこうにも杜撰《ずさん》。

いちおう鯛なんだからもう少し鯛らしくしてほしいところなのだがその気はまったくない。

たとえばこれを「開運！なんでも鑑定団」に出品したとすると、中島誠之助先生の手を借りずとも、どんな素人でも一目で、

「これは本物の鯛ではない」

と断定できるほど粗っぽい作りなのだ。

食べてみます。

本物の鯛焼きなら〝齧《かじ》る〟ということになるのだが、このニュースタイルは、なにしろモチッとしてネチッとしているので、エート、何て表現すればいいのか、ネチる？　モチる？　とにかくそんなようなことをして口の中に入れると、中はアンコではなくてカスタードクリームなのでニュルリと口の中に入ってきて、ニュルる？ネトる？　とにかくそんなようなことになって、いや、正直なはなし、決してわるくない、というか、なかなかおいしいというかまことに結構。
こうなってくると別の問題が発生してくる。
このニュースタイルの鯛焼きは「鯛焼き」を名乗る必要がなかったのではないか。

作り手は鯛に似せることに不熱心である。

やる気がない、ということ。

そして皮が本物とまるで違う。

本物のカリカリにもっていこうという気はまるでなくてヤワヤワ。

ここまではまだいい。

ぼくだったら、

「せめてお腹の中ぐらいは本物と同じアズキのアンコにしよう」

と思うところなのだが、これもカスタードクリーム。

これはワザとだと思う。

ワザとアズキではなくカスタードクリームにしたのだと思う。

だったらこそ、鯛焼きを名乗らないほうがよかったのではないか。

だったらこそ、なんてヘンな言い方だが、だからこそ、ぼくとしては別の名前にしたほうがよかったと思う。

そのへんのところは作り手のセブン-イレブンも気にしていた感がある。

「しろもちたい焼き」というネーミングの「たい焼き」の「た

い」。

なぜ「鯛」を「たい」にしたのか。

会社の会議でも多分ここでモメたんだと思う。

これはぼくの勝手な想像であるが、会議の中で、多分、マット君の話が出たのではないか。

「マット君のイメージ、いいじゃないか」

という人と、

「マット君のイメージは決してわるくないが、ついでにお父さんの顔のイメージが出てきた場合はどうなのか」

というようなことになったのではないか。

ここまで、今回、セブン‐イレブンから売り出された「しろもちたい焼き」について考察を重ねてきたわけであるが、ここでふと気がついたことがひとつある。作り手のセブン‐イレブンも消費者としてのぼくも、結局のところ、終始、本物の鯛焼きにこだわってきたということ。

本物の鯛焼きと比べてニュースタイルの鯛焼きとの違いを論じてきた。

だけどここでよく考えてみよう。

本物の鯛焼き、と、しきりに書いているが、鯛焼きそのものがもともと本物の鯛に似せた偽物で、その偽物にニュー鯛焼きが似ていようがいまいがどうでもいい？

◉メニューとは？

メニューとは何か。

と改まって訊かれると緊張する。

だが、改まらなければ緊張しない。

まず文字です。

料理の名前が文字で書かれている。

ということは紙です、紙に書かれている。

「紙に文字で料理の名前が書かれているもの」それがメニューです。

そういう意味では書類？　いや書類ではないな、メニューに書かれているのは食べ物に限定されているし……。

「最近の世相はこうです」

といったような項目もない。

そして書いてあるのは全部名詞。

動詞や形容詞、接続詞などは一切使われていない。

たとえば町中華のメニュー。

町中華のメニューは、

ラーメン

タンメン

チャーシューメン

と続いてきて、そのあと、

「しかしながら」

の一行が入り、

餃子

というような記述にはならない。

文章としては「しかしながら」が入っていてもおかしくはないのだが……。

感想も入れないことになっている。

たとえば餃子の下にカッコして（おいしい！）が入っていてもおかしくはないと思うのだが、入っているのを見たことがない。

料理人としては自慢の餃子なので本心は入れたいのだ。

しかし世の中のキマリがそれを許さない。

その無念よーくわかる。

だったらボールペンでも何でも手書きで（おいしい！）と書けばいいのにと思うのだが世の中のキマリはきびしいらしい。

だから客は一切の資料ナシで何を注文するかを自力で決めなければならない。

この文字の羅列だけで判断しなければならない。

最終決断をみんなどうやってしているのだろう。

ぼくが思うに、案外、好意ではないのか。

いろんな料理が並んでいる中で、

「餃子に好意を持った」

ので、餃子を注文する。

「チャーハンに好意を持った」

のでチャーハンを注文する。

人は好意を持つとどういう行動に出るか。

食べちゃいたいほど可愛い、とか、食べちゃいたいほど好き、という表現がある。

餃子を注文した人は、餃子に好意を持って「食べちゃいたいほど好き」と思ったので、食べちゃうことにしたのだ。

ここで、この人が餃子に好意を持つに至った経緯を考えてみよう。

この人はまずメニューを見た。

そうしたら、まず文字が書かれてあった。

それを一つ一つ読んでいったら「餃子」の文字が目に入った。

餃子は文字であって実体ではない。

人はこういうとき、とりあえず頭の中で文字を実像に変換する。

焦げ目があるんだよね、皮を閉じたところがヒダヒダになってるんだよね、ニンニクの匂いが立ちのぼるんだよね……。

実像が好意を呼ぶ。

好意が〝食べちゃいたい〟になる。

そして注文に立ち至る。

文字が好意を呼び起こした。
ここでわたくしは活魚料理について触れなければならなくなる。
「活魚料理」という看板の店をときどき見かける。
「いけす料理」とも言う。
大きな水槽が店内に据えつけられていて、その中に魚が泳いでいる。
タイとかヒラメとかアジとかが泳いでいる。
そういう店では、客がアジならアジを指さして、

「これ」
と言うと店の人が網で逃げまわるアジを追いかけてすくいあげる。
客がそれを「たたきで」と注文すればそれが「アジのたたき」になる。
「アジのたたき」の材料は生きているアジ。
すなわちアジが生《ナマ》出演している。
ここでハッと思い出してください。
この文章の冒頭（見出し）のところ、すなわち「メニューとは？」のところ。

あのときのメニューは文字でしたよね。
「紙に書かれた文字」ということでした。
客はその文字を読んで、
「餃子」
と注文することになった。
注文することになった理由はその文字を頭の中で実像に変換したことにあった。
変換してみると次第に好意が生まれていったのだった。
ここで今回の活魚料理を考えてみたい。
この「アジのたたき」は紙のメニューを見て注文したわけではない。
水槽の中を泳いでいる魚を見て注文したのだ。
すなわち水槽の中のアジがメニューということになる。
メニューそのものが泳いでいたことになる。メニューが逃げまわっていたことになる。
ここで全面的に訂正をしなければならなくなった。
冒頭のところでは「メニューとは?」に対して、
「紙に文字で料理の名前が書かれているもの」
と答えていたがとんでもない早合点でした。
ここに訂正してお詫び申しあげます。

◉哲学の教材としての太巻き

太巻きは「ざんねんな食べ物」である。

ひところ『ざんねんないきもの事典』という本がベストセラーになったことがあったが、太巻きもまさに「ざんねんなたべもの」なのである。

ということを知らずに、というか、気がつかずに人は太巻きを食べている。

どういうふうに？

こんなふうに。

太巻き、知ってますよね。

巻きずしの太いやつ。

恵方巻もかなり太いが、太巻きはもっと太いのもある。

恵方巻は棒のままかじって食べるが太巻きは切って食べる。

切って輪っかにする。

切って輪っかになったのを親指と人さし指ではさんで水平を維持しつつ口に持っていく。

口に持っていくとき、人々は輪切りの表面をチラと見る。

何となく気になるんですね、まん中の具のところが。

太巻きの具は大体決まっていて、出し巻き卵、アナゴ、干し椎茸、キュウリ、エビ、カニといったところ。

チラと見て、大体そんなようなものが巻いてあるようだナ、と思いつつも、それ以上のことは考えずに口の中に入れる。

これが「太巻きの悲劇の始まり」であることに人々はまだ気がつかない。

このとき、はっきり、具体的に、ひとつひとつの具を確認しておけばこの悲劇は起こらなかったのだ、ということにあとで気づいて、ハゲシク後悔することになるのだが、悲しいかな愚かな人々はこの段階では誰一人として気づかぬまま輪っかを口の中に入れる。

噛む。

とたんに太巻きの整然が一挙に崩壊する。

具の整然が、ゴハンが、海苔が、突然いっしょくたになって口の中はグジャグジャ。

むろん噛んでる人は口の中がそうなっているであろうことは百も承知であるにもかかわらず、一瞬、

「いま、口の中で噛んだのはキュウリか？」

なんてことを考える。

「いま噛んだのはカニらしいナ」

なんてことを考える。

「いや、まてよ、この太巻きを買った店の格と値段を考えれば本物のカニということは考えられないナ」

とも考え、

「カニカマだナ」

と考え、

「確認したいナ」

という思いに駆られる。

その思いはぼく自身もたびたび経験しているので人々のそういう思いがよーくわかる。

この文章を読んでいる読者諸賢は、もはや確認は無理であろうことはわかっておられると思うが、噛んでる当人はここでようやく気になる。

なにしろ口の中はグジャグジャ。

グジャグジャではあるが、いまの段階なら判別はまるきり無理というわけではないナ、と考え、とりあえず噛む行為を中断しようと思うのだが、アゴというものはバカというか愚鈍というか、いったん噛み始めると止《と》まらないところがあって、こっちはその動きを止めようと思っているのに勝手に噛み続ける。

ほんとにもう、アレヨアレヨと噛み続ける。

自己の意志と対象物との絶対的なすれちがいを内在した食べ物、それが太巻きなのだ。

そしてそのすれちがいは太巻きを食べている間、ずうっと続く。

だからこそ、最初の段階で、つまり太巻きを水平にして手に持った時点でひとつひとつ、具を仔細に確認しておくべきだったのだ。

次回、太巻きを食べるときはこのことに十分留意しよう。

留意してから食べ始めることにしよう、と思っているのに、いざ太巻きを手にすると、具のところはチラと見るだけでつい口に入れてしまう。

入れてしまったあとハゲシク後悔する。

絶対矛盾的自己同一。

これが太巻きの真の姿なのだ。

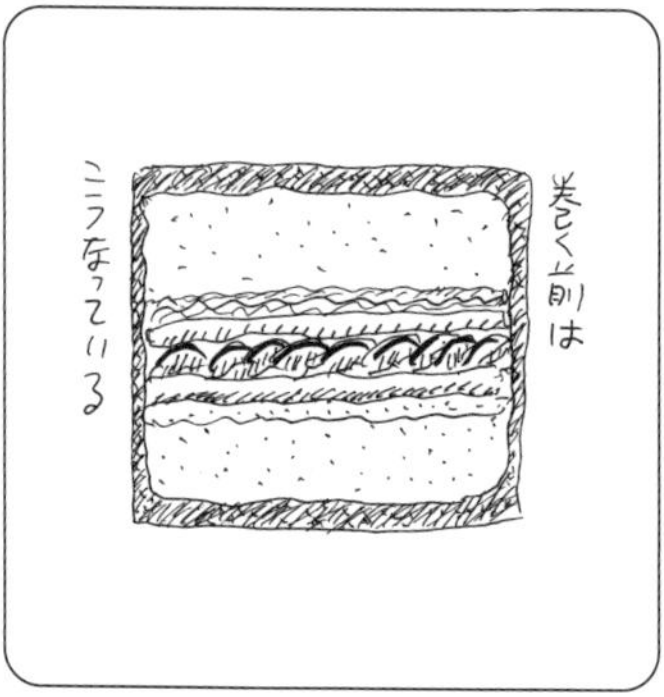

西田幾多郎が生涯をかけて探究した哲理を具現化したもの、
それが太巻きだったのだ。

われわれは今後、この絶対矛盾的自己同一的食べ物である太巻きにどのように対処していけばいいのか。

ぼくの考えを次に述べる。

要するに問題は「具の確認」にある。

食べる前に具のひとつひとつをよく確認する。

確認して記憶しておく。

太巻きを食べる前に切開する。

切開すれば具の全容が一目でわかる。

切り開かれた海苔、その上に敷かれたゴハン、その中央にタテ一列に並べられた具の数々。

ああ、これが出し巻き卵、おお、これがアナゴ、そしてこれは間違いなくカニカマ、と、頭の中に入れておく。

そして閉じる。

具のひとつひとつが鮮明に頭の中に記憶される。

そうすれば、いざ噛んだときに、

「おお、これがあのときのあのアナゴ」

と再会の喜びにひたることができる。

「おお、これがあのときのあのカニカマ」

と、なにしろ確認のときよーく記憶しておいたので迷う必要がない。

哲学としての問題もこれによって簡単に解決される。

ただひとつだけ問題があることはある。

切開して確認したあとどう閉じるか。この時点ですでに具がグジャグジャになっているということも十分考えられる。

◉ナメコの世渡り

味噌汁の具はどういう立場で食事に参加しているのか、ということを考えてみました。
葬式の場合で考えると、それぞれがそれぞれの立場で出席している。
親族として、友人として、会社の代表として。
味噌汁の場合はどうなのか。
味噌汁自体の立場はわかる。
食事の進行の手助け。
食事にはどうしても汁気が必要なので汁気代表という立場。
ここまでは明確。
では味噌汁の中の具の立場はどうなのか。
どういう立場で食事に参加しているのか。
ということになってくると、途端に話がややこしくなってくる。
具の連中も困ってしまう。
ワカメとか豆腐とか大根の千六本などの連中も返答に窮する。

もともとナメコは形がかわいい
そのかわいい連中がワーッと押しよせてくる！
モテモテル！
キャー

これまで一度だってそんなことを追及されたことがないし、自分自身も一度だって考えたことがないのでしどろもどろになる。

考えてみると、無くてもいいわけです、具は。

素うどんというものがあります。

油揚げやカマボコなどの具、いっさいなし。汁だけ。

素味噌汁というものもあっていいわけです。

お椀の中は味噌汁だけ。

ワカメも豆腐も大根も入ってない。

素うどんがあるのだから

素味噌汁があってもいいじゃないか、ということになり、中には「具のない味噌汁のほうがダシの味がよくわかってかえって高級である」なんてことを言い出す人も出てきて味噌汁の具の立場はますますわるくなっていく。

こういう場面も考えられる。

定食屋に行く。

レバニラ炒め定食を注文する。

ではでは、と、とりあえず味噌汁を一口すすろうとしてお椀の中に具がないことに気づく。

ゆすってみる。

何も浮かんでこない。

箸でかきまわしてみる。

何も引っかかってこない。

こういう場合、客はどういう行動に出るか。

怒りにふるえながら厨房に向かって怒鳴る。

「オレをバカにするのかッ」

そうなのだ、そっちの問題に発展していくのだ。

つまり面目の問題。

客は自分の面目がつぶされたと感じる。

ここで定食屋のおやじの立場に立って考えてみることにします。

おやじにしてみれば、どうだっていいわけです、味噌汁の具なんてものは。

そのへんにあるものを入れてるだけ。そこをとがめられる。

客だって期待してないわけです、定食屋の味噌汁そのものに、ましてやその具に。

あるのはお互いの面目だけ。

わたしとしても
プライドを持てない
こんな姿で
ただよっている
だけだし

　こうなってくるとこう結論づけてもよいことになる。

「味噌汁の具は店と客の面目のために存在する」

この定義に反論できる具が一つだけ存在する。

ナメコである。

何故かはいまもってナゾなのだがナメコには高級感がある。

　高級な寿司屋などでは、

「このあたりで赤出しでもお出ししましょうか」

ということになってナメコの味噌汁が出る。

味噌汁とは言わず「赤出し」と言う。

すると客はなぜか、

「おう！　赤出し！」

と感激する。
大したやつじゃないんですよナメコなんてものは。
いい学校出てるわけでもないし松茸みたいに血筋がいいわけでもない。
値段だってエノキと同程度の安物のたぐい。
なぜ人々はナメコに高級感を抱くのか。
「ナメコは世渡りがうまい」
という人もいる。

ナメコの世渡りとはどういうものか。
まず定食屋の味噌汁には出場しない。
社食の味噌汁にも出ないし学食の味噌汁にも出席しない。
確かに学食のメニューに「ナメコの味噌汁」があるのを見たことがない。
これはナメコの基本戦略なのだ。
そうしておいて高級寿司屋には積極的に出る。
出たら出たでここでも秘術をつくす。
ナメコ家秘伝の戦略。
箸の先でつかもうとするとニョロリと逃げまわる。

ワザと。

やってみるとわかるが、あれはどう考えてもワザとである。

ワザと逃げまわって相手の気を引く。

そうしておいてこんどはいっせいにワッと寄ってくる。

ナメコの味噌汁を飲もうとしてお椀をこちら側に傾けたとたんナメコたちがいっせいにこっちに寄ってきたという経験は誰もが持つ。

大勢にワッと押し寄せられれば誰だってわるい気はしない。

しかも全員いかにも嬉しそうに、いかにも懐かしそうに、ニコニコしながら寄ってくる。

箸の先で除《よ》けても除けても集まってくる。

自分が急に、みんなの憧れの的の人気俳優になったような気がしてくる。

ナメコで人気俳優の気分になれるのだから、こんな安上がりの方法はないのではないか。

近づこうとすれば逃げ、逃げたと思わせておいて近寄ってくる。

昔から言われている遊女の秘伝。

ナメコの世渡り、恐るべし。

◉たかが水、されど水

最近、水道の水を飲む人は少なくなった。

ぼくが子供のころ（昭和の時代）、水を飲むということはすなわち水道の水を飲むことだった。

外で遊んでいてノドが渇くと、家に駆け戻ってきて水道の水を飲んだものだった。

台所の流しのところには洗ったばかりの食器がたくさん伏せて並んでいて、その中からガラスのコップを取り上げてそれで飲んだ。

洗って伏せてあるのはゴハン茶碗、味噌汁椀、皿、丼などであるが、その中から、必ずガラスのコップを選んだ。

けっして味噌汁椀で飲んだりしなかった。

けっして丼で飲んだりもしなかった。

ガラスのコップがいろんな食器の下敷きになっていて、その上にいろんな食器が重なっていてそれをいちいち取り除く面倒があってもガラスのコップにこだわった。

なぜこだわったのか。

律儀？

子供の頭に律儀はないのではないか。

味噌汁椀で飲むと味が落ちる？

落ちません。

たかが水道の水、落ちるとか落ちないとかの水ではない。

しかもノドが渇いて遊びから走って帰ってきてせっぱつまっているのだ。

味がどーのこーのと言ってる場合ではないだろう。

水はコップで飲むものであるという強迫観念？

やっぱりこれじゃないかな。

これで考えるといろんな場合が急にすっきりする。

ビールのジョッキで味噌汁を飲んではいけない。

味噌汁椀でビールを飲んではいけない。

いけないという考え方。

飲み物はその飲み物に最も適した容器で飲むべきである、という、考えまいとしてもどうしてもそうなってしまう頭の働き。

これがわれわれの考え方を強力に支配しているのだ、ということを改めて痛感せざるをえない。

われわれが子供のころはどの家の台所にも大きなヤカンが常備されていた。

ヤカンには常に水が入っているので、子供たちは、つい、ヤカンの口にジカに口をつけて飲んだりしたものだった。

これには「口飲み」という専門用語がついていて、

「口飲みはいけません!」

と、その都度きつく叱られたものだった。

「ラッパ飲み」というのもあった。

サイダーのラッパ飲み、水筒のラッパ飲み、ともに非難の対象となった。

しかるべき容器にいったんあけてのち飲む、これが正しい飲み方であって、ビンにジカに口をつけて飲む、水筒にジカに口をつけて飲むなどは厳に慎むべきである、という考え方が定着していた。

みっともない振る舞いである、特に婦女子には御法度である。特に500㎖飲料のラッパ飲みはできることなら避けたいものである。

婦女子に限らず、上流の人々、特に皇室関係の方々もラッパ飲みはしない（と思う）。

もし、そういう方々が、そういうことをしているところを見つかったら、やはり週刊文春が動くと思う。

だけどどうなんだろう。

ラッパ飲みはなぜ非難されるのか。

ラッパ飲みは本当によくないことなのか。

ラッパ飲みのどの部分が不道徳なのか。

一手間はぶいているところが不道徳なのか。

ラッパ飲みは、確かに通常の飲み方の一手間をはぶいている。

労を惜しんだ、というところが非難されるのか。

ラッパ飲みはどうしても首を大きく上方に向けることになる。

すなわちアゴがかなり上を向くことになる。

その状態で水なりビールなりをゴクゴク飲むとノド仏がゴクゴク動くことになる。

ノド仏がゴクゴク動くところを他人に見られるのは恥ずかしいことなのか。

うん、何となくわかる、何となく恥ずかしい気がしないでもない。

ノド仏がゴクゴク動くのを他人に見られるのは実は恥ずかしいことであるという考え方はこれまでなかったが、これから先はどうなるかわからない。

そうなるとビールのCMの作り方も考えなければならないことになっていく。

などといろんなことを考えたのだが、ここである重大な事実が現実に起きていることに気づいて人々は愕然とすることになる。

愕然も愕然、大愕然。

人々はすでにラッパ飲みの罪を毎日のように犯しているのだ。

あなたは自販機からゴットンと取り出したボトルをどのように飲んでいるか。

ラッパ飲み以外の飲み方をしているか。

会社の会議室などでは「お〜いお茶」などのボトルがズラリと並んでいる。

ちょっと前まではこれにプラスチックのコップを付けていたが、いまは付けない。

国会の予算委員会では以前は各議員の前の台に水差しとコップが並んでいたが、最近は水がボトル入りの飲み物に替わっている。

しかも、そのボトルにはコップが付いていない。

国民の範となるべき国会議員の先生方がラッパ飲み。

世の中乱れておりまする。

コロナで乱れておりまする。

◉おでんを改革する

「降温商品」という言葉があるそうだ。

ウェザーマーチャンダイジング関係の用語として使われているらしい。

どういう意味か？

「気温が下がる時期に売り上げが伸び、気温が上がるにつれて売れなくなる商品」。

だったら素直にそう言えばいいのに、と、ぼくは思う。

おでんがまさにそう。

だったら素直におでんの名前を挙げてから「降温商品」という言葉を持ち出せばいいのに。

おでんは気温が下がる時期に売れ始め、気温が上がるにつれて売れなくなるなんてことは誰だって知っている。

そんなこと、いまさら仰々しく言うんじゃない、と思う。

桜の花びらがヒラヒラするころ、われわれはおでんに別れを告げる。

おでんよ、さらば。

そう、ちょうど卒業式のシーズン。

人生の中のゆるくて幸せなひととき
ゆるゆるゆるゆる
大根を箸でゆるゆる切っていく

蛍の光、窓の雪。

屋台の光、コンニャクの湯気。

卒業式には生徒代表の答辞がつきものだが、おでん代表は誰が考えても大根。

皿にのった輪切りの大根が答辞を述べることになる。

赤い夕陽が屋台を染めてビルの谷間に沈むころ、ああ、会社3年生、ぼくら離ればなれになろうとも屋台仲間はいつまでも——。

大根はなぜおでん代表に選ばれたのか。

大根は常にコンビニおでんの売り上げのトップの座

にいる。

おでんのツユをじっくり浸みこませて直径7センチ、厚さ3・5センチの大根は白い皿の上で堂々の湯気、その威風はあたりを払う。

押しも押されもしないおでん代表。

会社3年生はそれを伏し拝んでから箸の先をしずしずと輪切りの中に沈める。

また素直に受け入れるんですね、大根は箸の先を。

おでんの大根の魅力の半分はこの「しずしず」の瞬間にあるとまで言われているこの姿勢。

しずしずと沈めたあと、そのまま箸の先でずずずーとタテに割っていく。

これまた大根は実に素直にずずずーを受け入れるんですね。

これもおでんの大根の魅力の半分を占めていると言われている。

そうなると半分と半分で魅力の全部になってしまうのだが、それでもまだ魅力が残っているところが大根の実力。

箸の先で割った大根を口に入れる。

とたんに「アフアフ」とか「ハヒハヒ」とか「フハフハ」などいろんなことになるが、それを何とか落ちつかせて噛みしめれば（口に入れる前に大根にカラシをチョビッとのせたのを書き忘れていました）、ああ、にじみ出てくる大根そのものの味、ツユの味、その両方が混ざった混然の味、そのあとカラシがツーンと全体の味を引きしめる。

そのあと、何にいこうか。

と、なると次はコンニャクということになる。

なぜかというと、コンビニおでんの売り上げの2位あたりはコンニャクが占めていることが多いからだ。

そのあとチクワ、ハンペン、ガンモドキ、タマゴ、シラタキ、さつま揚げ、フクロ、チクワブ、牛蒡《ごぼう》巻き、と、何となく七五調で事は進行していくわけであるが、ここで気がつくことがひとつある。

肉気《にくけ》がない。

魚系の練り物とタマゴとあとは野菜系のみ。

これはどういうことなのか。

おでん業界がしめし合わせて肉系を排除しているのか。

ありえないことではない。

新規加入は認めない、ということなのか。

ウィンナ巻きがあるではないか、という意見もあると思うがあれは特例である。

日本のプロ野球界は外国人枠を決めているが、あれと同じことをおでん界はやっているのだ。

おでんにぴったりの肉系はいっぱいあるのだ。

たとえばラーメンの中のチャーシュー。

チャーシューはいつもラーメンのツユの中に嬉しそうにひたっている。

おでんのツユにひたっているチャーシュー、いかにもおいしそうではないか。

入れてあげようよ、チャーシューをおでんの仲間に。

似合うと思うけどなー、チャーシューがおでんの鍋の一角を占めている風景。

特にチャーシューの脂んとこ、おでんのツユに合うと思うけどなー。

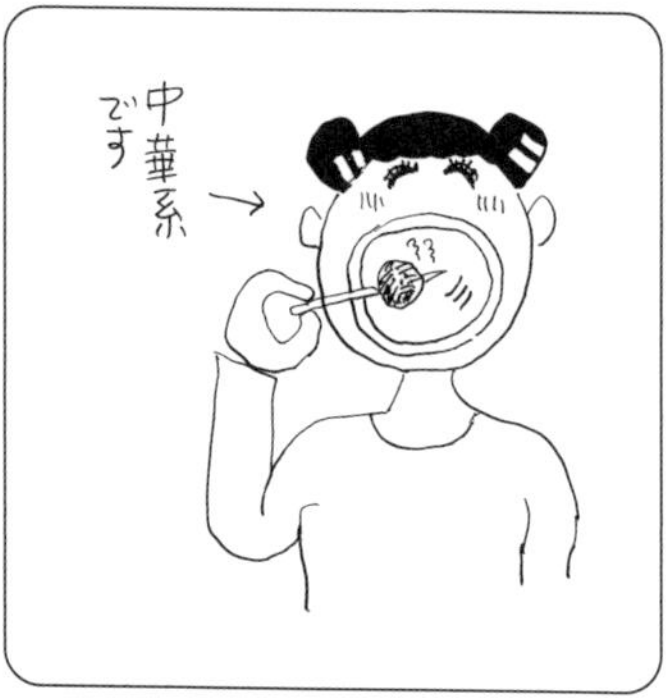

あ、そうだ、こうなってくるとタン、牛タンとか豚タンのたぐい。

これらもおでんのツユにピッタリのような気がする。

「おやじ。次はシラタキとトンタン」

「おいきた！」

となって、風景的にも似合うような気がする。

肉団子なんかもおでんに合うような気がする。

中華系の肉団子は飴色のタレがからんでいるが、からませる前の肉団子をおでんの鍋に入れる。

団子の中心までおでんのツユがようく浸みこんだ肉団子、おいしくないはずがない。

フクロも合う。

おでんのフクロの具は牛蒡や人参や銀杏や椎茸などだが、これらをみんな取り出しちゃう。

取り出して代わりにゴハンを詰める。

具がゴハンのフクロ。

おでんの最後は茶めしで〆《しめ》ることが多い。

ゴハンの茶めしで〆てしめしめ。

◉ストローのズズズ問題

人間はどうやって生存し続けているのか。

飲食によって生存し続けている。

食べる物と飲む物、この二つを摂取することによって生存が可能となる。

食べるほうは摂らなくてもしばらくは保《も》つが、飲むほう、すなわち水分は三日も摂らないとすぐ死ぬ。

と、当たり前のことを力強く言っておいてから話を次に進める。

まさに命の水、命の源泉としての水。

その水をわれわれはどのようにして飲んでいるか。

コンビニに行ってみる。

すると実に様々な水分がいろんな形で売られていることに気づく。

ミネラルウォーター、コーヒー、ジュース、コーラ、乳酸菌飲料、牛乳……。

これらを世間一般は〝ドリンク〟などと称しているが、ナーニ、元を正せば水である。

と、言わずもがなのことを重々しく言っておいて話を次に進める。

そろそろ「ズズズ」に気をつけなくちゃ
と思ったとたん
ズズズッ

われわれはこれらの水分をどのようにして飲んでいるか。

一つはそれらの容器に直接口をつけて飲む。

もう一つはストローを用いて飲む。

コンビニなどではこれらのドリンクを買うと、

「ストローつけますか」

と訊かれてストローをもらったりするが、２００㎖ぐらいの小さい紙パックの牛乳などは、各自が細いストローを背中に背負っていたりする。

各自、持参。

容器に口をつけて飲む、ストローで吸って飲む、この二つの方法でわれわれはドリンクを飲んでいるわけであるが、問題はストローのほうに多く発生する。

そもそも、われわれはなぜストローなどという面倒な物を用いて飲み物を飲もうとするのか。

容器に口をつけて飲む場合は重力の法則を用いて飲む。

容器を口よりやや上方に位置させて飲み物を落下させて飲む。

ストローの場合は重力に逆らって吸い上げる。

ストローが透明だと飲み物がストローの中を登ってくるのが見える。

強く吸えば急いで駆け登ってくるし弱めるとゆっくりになる。

こっちの言いなり。

そこんところが可愛い。

吸うのをやめるとそこで止まって戸惑っている。

そこんところもいとしい。

とにかくストローは遊び心を誘発してくれる。

ストローは面倒だ、などと思ったことなど一度もない。

ただ欠点が一つだけある。

例の「ズズズ問題」である。

最初のうちは実に快適である。

面白くて楽しい。

問題は残りが少なくなってきた後半で発生する。

後半、特に最終段階。

面白おかしく楽しく飲んでいると突然、ズッ、続いて、ズズズッ。

もちろん警戒はしている。

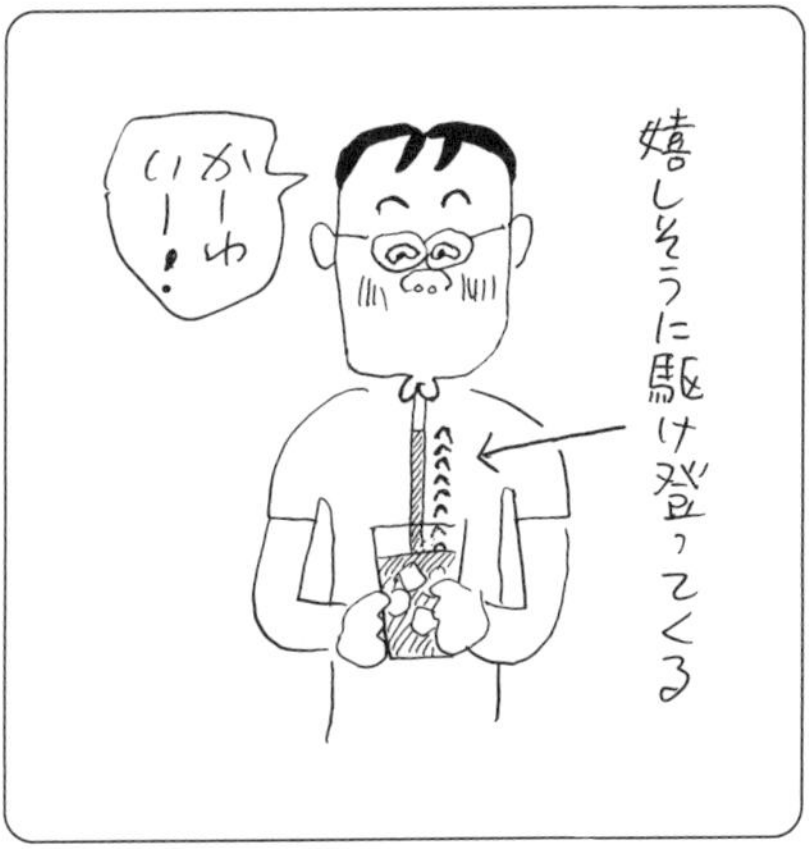

いずれズズがくるであろうことは誰もが知っている。

その警戒をかいくぐって突然ズズズ。

「天災は忘れた頃にやってくる」が「ズズズは忘れてないのにやってくる」。

あのズズズ、何とか科学的な方法とまではいかなくとも、ちょっとした工夫で何とかならないものなのか。

と思ったのだが、どうやらダメらしい。

あのズズズは物理的現象そのものであって、「気柱共鳴」という専門用語が付いていて、「筒の中で音波が一定の周波数で響き合って増幅する」ので人力ではどうすることもできないらしいのだ。

人間がストローを用いているかぎり未来永劫にズズズ

は発生するのだ。
ということになると、人類はズズズを認める、という方向しかないということになる。
もともと「ズズズ」は不快な音である。
滑らかな感じがしないし、物事が順調に行われてない響きがある。
ささくれていて荒々しい感じもする。
とにかく不快な音であることは確か。
だが、これから先、人類はズズズを容認しながら生きてゆくほかに道はないのだ。

喫茶店でトイレの音はいかがなものか
ザザー

ｗｉｔｈ、ズズズ。
ズズズは嫌《いや》だが、ストローの魅力も捨てがたいし……。
解決の道はないのか。
考えること三日三晩。
ありました。
「音姫」です。
音姫というのは「トイレ用擬音装置」。
トイレにおける排泄音を他の音でごまかす装置。
喫茶店のテーブルにこの装置のボタンが設置してある。
客はアイスコーヒーを飲んでいて、残りが少なくなってきてズズズが近くなってきたらこのボタンを押す。

すると何らかの擬似音が流れてズズズをごまかす。

問題はその音をどういう音にするか。

トイレの場合は水の流れる音が多い。

だからといって、トイレと同じ音というわけにはいくまい。

なにしろ客はテーブルに座ってアイスコーヒーを飲んでいるわけだから。

そこへトイレの音というのはいかがなものか。

ズズズにちなんでズン、ズン、ズンドコという手もないわけではないが、喫茶店の店内のあちこちでズンドコ節が流れているというのも雰囲気としてどうなのか。

それとネーミングをどうするか。問題山積。すべてはこれから。

◉ドロップ缶の謀略

〝飴の時代〟があった。

全盛時代があった。

ぼくの子供の頃がそうだった。

その頃は町のあちこちに駄菓子屋があって、店の中は飴だらけだった。

ニッキ飴、ハッカ飴、森永ミルクキャラメル、一粒300メートルのグリコ、茶色い茶玉、丸くて大きくて周りにザラメがいっぱい付いている大玉、舐めているうちに色が変わっていく変わり玉、金太郎飴、金平糖、サクマのドロップ缶……。

あー、書いてて楽しーなー。

楽しくなったので急いで近所のコンビニに買いに行った。

そしたら……売ってない。

もう一軒のコンビニに行った。

やはり売ってない。

スーパーに行った。

売ってない。

どうやらそういう時代になったらしいのだ。

ノドに効くノド飴とか、ビタミンCが摂れるビタミン飴などは売っている。

飴ごときに効能を求める。そういうさもしい時代になったのだ。

様々な飴は売ってないが、たとえばサクマのドロップ缶あたりはどこかで売ってるのではないか。

そう思ってあちこちのコンビニ、スーパーをあたってみたのだが、やはり置いてない。

首うなだれて、ためしに百円ショップに寄ってみる。

そうしたら、ありました、やっと。

値段はいくらかというと、百円ショップなので百円（小缶）。

抱きかかえるようにして買って帰る。

とりあえず振ってみる。

カラコロと音がする。

たくさん入ってるョー、という合図である。

そのたくさんは、赤、白、黄色、緑、紫、ピンクなどだョー、という合図でもある。

振ると丸い口のところから一個だけ出てくるョー、という合図でもあり、一回振ったからといって希望の色が出てくるとは限らないョー、という合図であり、でも楽しーヨー、というお知らせでもある。

なにしろサクマのドロップ缶はブリキ製なので中が見えない。

見えない、というより、見せない、ワザと。

ここんとこがサクマの商売上手なところなのだ。

もしこの容器がブリキではなくガラスだったら、ガラスで中が丸見えだったら……。

ちょっとずつ振りながら希望の赤なら赤を片寄せて入口に近づけていって取り出す、ということも可能である。

サクマのブリキ缶は中がまるっきり見えない。
イチかバチか。
エーイ、ドーダ！
あ、出た。
あ、出なかった。

工場では缶にドロップを詰めるとき、一個一個入れてるのですか？、

うまいこと考えたわけです、サクマは。
つまり仕掛けなわけです、ブリキは。
ここで、この缶にはいろんな仕掛けが仕掛けてあることに気づく。
サクマのドロップ缶の丸い出口、これにも仕掛けが仕掛けてあった。
サクマのドロップ缶の出口としての丸い穴。
ふつう、こういう出口は缶の中央に開ける。
なのにこの缶の丸い出口は缶の片隅に片寄せて付けてある。
なぜか。
サクマのドロップ缶を買ってきて、いざ開けようとし

たらなかなか開かないので苦労したという話をよく聞く。

この缶のフタはかなり強力に閉めてあってちょっとやそっとでは開かない。

これも、ワザとになります。

サア、どうやって開けようか、何かこう、テコになる物が必要だナ、と思い辺りを見回す。

このとき、この缶の丸い穴の位置の特異性に気付く。

この穴がこの位置にあるがゆえのその周辺の狭さ、この狭さは十円玉をテコにすべき狭さにピッタリなのではないか。

たまーに
穴より大きいドロップが
入っていることって
ありますか？

そう思ってテコとしてあてがってみるとはたしてピッタリ。

はたしてパッカン。

オレって頭いい！

誰もがそう思う。

買った人全員にそう思わせるためにサクマのドロップ缶の穴はあの位置に開けてあるのだ。

そしてきつく閉めてあるのだ、ワザと。

ワザとはもう一つある。

それは穴の大きさ。

あの穴はもっと大きくすることもできる。

横長にして大きくすれば一振りで何個でも出てくる。

ゾロゾロ出てくる。

そうなると、ゾロゾロ出てきた中に希望の色が見つかることが多くなる。

そうなると、エーイ、ドーダができなくなる。

イチかバチかの楽しみがなくなってしまう。

うまく考えてあるんです、あの穴は、位置も大きさも。

ためしに穴の大きさを測ってみました。

穴の大きさ２・４㎝。

次にドロップ自体の大きさを測ってみる。

丸いのは一つもなくて全部角《かど》ばった長方形。

これらの最長の部分はどれもこれも２・２㎝。

穴の大きさとドロップの大きさの差はたった０・２㎝。

いかにもワザとらしい０・２㎝。

ワザとらしい０・２㎝の上に形が全員角ばっているときている。これだと缶を一回振っただけではどこかが引っかかって出てこない。

何回も振ってやっとポロリと出たときの嬉しさ。

やるなあ、サクマ。

◉稲荷ずしは偉大なり

「存在感のある役者」という表現をよく耳にする。

演技力が優れている、とか、名優である、とか、そういうのではなく〝存在感〟。

存在感とは何か。

一口では言えない。

二口でもダメ。万言を費やしても言い尽くせない存在。

となってくると、実物で示すよりほかはない。

実物、出します。

岸部一徳。

どうです、存在感あるのではないですか。

伊東四朗。

これまた存在感横溢。

女優でいくと、三崎千恵子。

寅さん映画のとらや（くるまや）のおばちゃんとしての三崎千恵子は、どう見ても団子屋のお

岸部一徳は稲荷ずしである

ばちゃん。

　はまり役というのか、演技をしているようには見えない。

　ちょっと古いが晩年の浦辺粂子《くめこ》。

　存在感だらけ。

　どんな映画に出ても浦辺粂子は浦辺粂子を止《や》めない。

　こういう人たちをひとくくりにして言うと、とりあえず地味。そして渋味。

　個性ある人たちではあるのだが、キャラが立っているというわけではなく、えもいわれぬ味で勝負している。

えもいわれぬ味なので、当然のことながら、余人をもって代えがたい。

そして、ちょっとヘンテコ。

普通じゃない。どこかヘン。

岸部一徳にしろ浦辺粂子にしろどこかヘン。

食べ物にもそういう存在があるような気がする。

普通じゃなくて、どこかヘンで、有名でもなく、余人をもって代えがたく、えもいわれぬ味で勝負している食べ物。

実物、出します。

岸部一徳や伊東四朗や三崎千恵子や浦辺粂子的雰囲気の食べ物。

稲荷ずし。

どうです。存在感あるのではないですか。

皿の上に一個のっかってるところを頭に思い描いてください。

地味で渋味でどこか控え目ではあるが皿の上で堂々としている。

キャラは立ってない。

地味そのもの。味はえもいわれぬ味。形はヘンテコ。飾り気は、ない。まるっきりない。

もう少し身辺を飾ったら、と思わぬでもないが本人にその気はない。

「京樽」などのお持ち帰りセットの折り詰めには、太巻き、茶巾ずし、バッテラなどといっしょに稲荷ずしが入っているが、太巻きや茶巾ずしが身辺を大いに飾っているのに対し、稲荷ずしの何と飾り気のないことか。

とにかく何もしてない。油揚げの中に酢めしを詰めただけ。

だが、その中で存在感は一番。

何の飾りもしてないところにかえって存在感を感じる。

浦辺粂子さん
しゃべり方も
ねばっこくて
存在感があった

そして人徳。

人徳、ありますよね、稲荷ずしに。

何となく感じる。

そして人柄。

稲荷ずしは何といっても人柄がいい。

穏やかで、ゆったりと構えていて、甘からく、和の味、日本の味、里の味。

人物も大きい。

懐が深い。

油揚げの懐の深さについてはこんな逸話がある。

昔のある日、油揚げのところにある人がやってきて、

「おたくの物置を使わせてください」

と言う。

油揚げは驚き、

「うちには物置などありません」

と言うと、その人は目の前で油揚げの片端をつまんでピリピリと上下に引き裂き、

「ホレ、このように中が空洞になって物置になりました」

油揚げはそのとき初めて自分の体が物置になることを知ったと言われている。

「そこに酢めしを詰めさせてください」

と言われたのが稲荷ずしのそもそもの始まりであった。

というのが世に名高い稲荷ずし誕生の秘話である。

この秘話は、そののち、油揚げの人物の大きさ、懐の深さを物語ることになっていき、その人柄、人徳の話にまでなっていったと言われている。

と同時に「運命の出会い」ということも人々に改めて考えさせるきっかけになった。

油揚げと酢めしの運命の出会い。

もし、あのとき、その人が、酢めしではなく、

「コンニャクを詰めさせてください」

と言ったらどうなっていたか。

当然稲荷ずしは誕生せず、油揚げにコンニャクを詰めたものが誕生することになり、当然、こんなヘンなものは世に受け入れられないことになり、油揚げの人柄や人徳もまた違った評価になったに違いないのだ。

そして、存在感のある食べ物としての稲荷ずしの評価もまた大きく違ったものになったはず。

ここまで書いてきて気がついたことがひとつある。

稲荷ずしの功績のほとんどは油揚げの手柄であるということ。

酢めしのほうには何の手柄もないということ。

存在感のある食べ物の代表として稲荷ずしを挙げたわけだが、存在感は油揚げのほうにだけあったのだ。

酢めしは油揚げの人気に便乗しただけだった。

改めて思う。

油揚げは偉大なり。

ひとたびうどんの上にのれば狐うどん。

ひとたび酢めしが懐に入れば稲荷ずし。

二階級制覇。

油揚げの行くところ、敵なし。

◉妖怪？・モンブラン

何かを食べながら、

「いま食べているこのものは、結局、何の目的で食べているのか」

と、ふと思うことがある。

「結局」と「目的」がポイント。

牛丼なんかだとすぐわかる。

自分がいま食べているこの牛丼は、結局、何の目的で食べているのか。

早い、安い、旨い。

それにハラ減ってるし、せっぱ詰まってるし。

そういうんじゃなくて、自分はいまこのものを食べているわけだが、なぜこのものを食べているのか自分でもよくわからなくて説明がむずかしい食べもの。

ンート、たとえば濡れ煎餅《せんべい》なんかどうか。

自分はいまこうして濡れ煎餅を食べているわけであるが、なぜ濡れ煎餅なのかというと……と、ここで詰まる。

濡れてないとダメなのか。乾いてるのじゃダメなのか。

だからあるんです、説明がむずかしくて返答に窮する食べもの。

せっぱ詰まって濡れ煎餅に手を出したわけでもないし……。

いまはどうしても濡れ煎餅じゃないとダメ、というわけでもないし……。

目的、意図、魂胆がスタートの時点ではっきりしない。

そういうたぐいの食べもの、ほかにもあるような気がする。

濡れ煎餅的な食べもの。

たとえばモンブランというケーキなんかどうか。

普通のショートケーキじゃダメなのか。

ヒモみたいなものがネジネジからみついてないとダメなのか。

何となく胡散《うさん》くさくて陰気なケーキだがあなたはそういうケーキがもともと好きなのか。

と迫られると返答に窮する。

モンブランというケーキは数あるケーキの中で一風変わった存在であることは確か。

ショートケーキといえばどれもこれもとりあえず色とりどりなのにモンブランは茶一色。

デザインもへんてこ。

盛り蕎麦を盛ったような、タワシのような、要するに雑、いいかげん。

なのに、ですよ、たとえばケーキ屋でですよ、手土産にケーキを買って行くとするとですね、
ま、たとえば6個ね、6個入りの箱に入れてもらうと、その6個の中に必ずモンブランが入っている。

かなーらず入っている。

色とりどりで華やかな連中の中に陰気なモンブランがちゃっかり入っている。

なんていうの、うまく立ち回るっていうの、小賢しいっていうの、オレはねえ、そういうとこ

ろが嫌いなのッ、よくいるんだよナ会社にも……。

いつのまにか居酒屋で酔った上司が部下にからんでいるみたいな展開になってきているが、調子がよさそうなのでこのあとこれでいくことにする。

それにアレは何なの、ホラ、ウネウネとからまってるヒモ。

あの一本一本に何か意味があるの？　ナーンにも意味がないじゃないか、ただ組織にしがみついてるだけじゃないか。

会社にもいるんだよなー、そういうのが。

ウン、ますます調子出てきたのでこのままいく。

それとモンブランという名前ね、なーにがモンブランだ、気取りやがって。

モンブランてフランス語で「白い山」ってんだろ。白くないじゃないか、白いモンブランを見たことあるか？　ないだろ。茶色いだろ。

どうもアヤシイ奴なんだよな、モンブランて奴は。

そのへんのところをキミはどう思う？　エ？　どーなんだ？トントン。

力士が土俵で手刀を切るような手つきをしている。

トントンはその音です。

上司としてはモンブランを責めているのだが、結果としては上司が部下を責めている形になっているので部下はひたすら恐縮している。

このあたりの摩《す》り替えも、もしかしたらモンブランの狡猾な戦略なのかもしれない。

うまく立ち回っていて、それで部下が苦境に陥っているということも考えられないでもない。

それにね、あのネジネジね、あれはあれでなかなかむずかしい技術のように見えるだろ、だけどかえってラクなの。

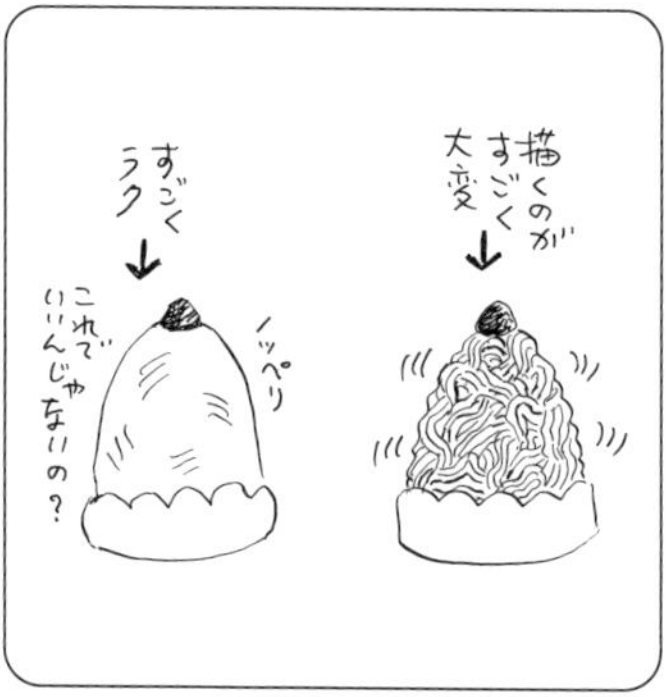

他のケーキはいろんな色にしたり、あれこれ飾りつけたりして手間ヒマかかるけど、モンブランは始めから終わりまでやってることはずーっと同じ。

チューブを手に持って中のものをひねり出してるだけ。

「はたしてそうでしょうか」

ここでようやく部下が反撃に出る。

「初一念……」

初志貫徹、一途、ひたむき、そっちのほうで考えることもできるのではないでしょうか。

ぼくはそっちで考えたいと思います。

美しいじゃないですか。

至情あふれる行為じゃないですか。

そういう人、よくいるじゃないですか。

不器用だけど一心不乱、自分にはこれしか出来ないがこれ一本でいく。

武者小路先生も仰っておられます。

「この道より我を生かす道なしこの道を歩く」

ぼく好きなんです、こういう生き方が。

たとえば昨日の件にしても……。

「ま、ま、一杯いきなさい」

「あの件は……」

「ところで打ったね、大谷」

この上司、どうしてなかなかのモンブラン？

◉大根の悪口

「人の悪口を言うのが好き」

という人は多い。

「好きというより大好き」

という人はもっと多い。

ぼくも大好き。

みんなで居酒屋で飲んでいるとき、誰かが誰かの悪口を言うと途端に座が盛りあがる。

活況を呈する。

逆に誰かが誰かを誉めてもあんまり盛りあがらない。

せっかく誰かが、

「あいつはいい奴」

という話を始めても、

「いい奴なんだけども、いい奴だけじゃ世の中は通らないんだよな」

となり、結局、よくない奴の話にもっていく。

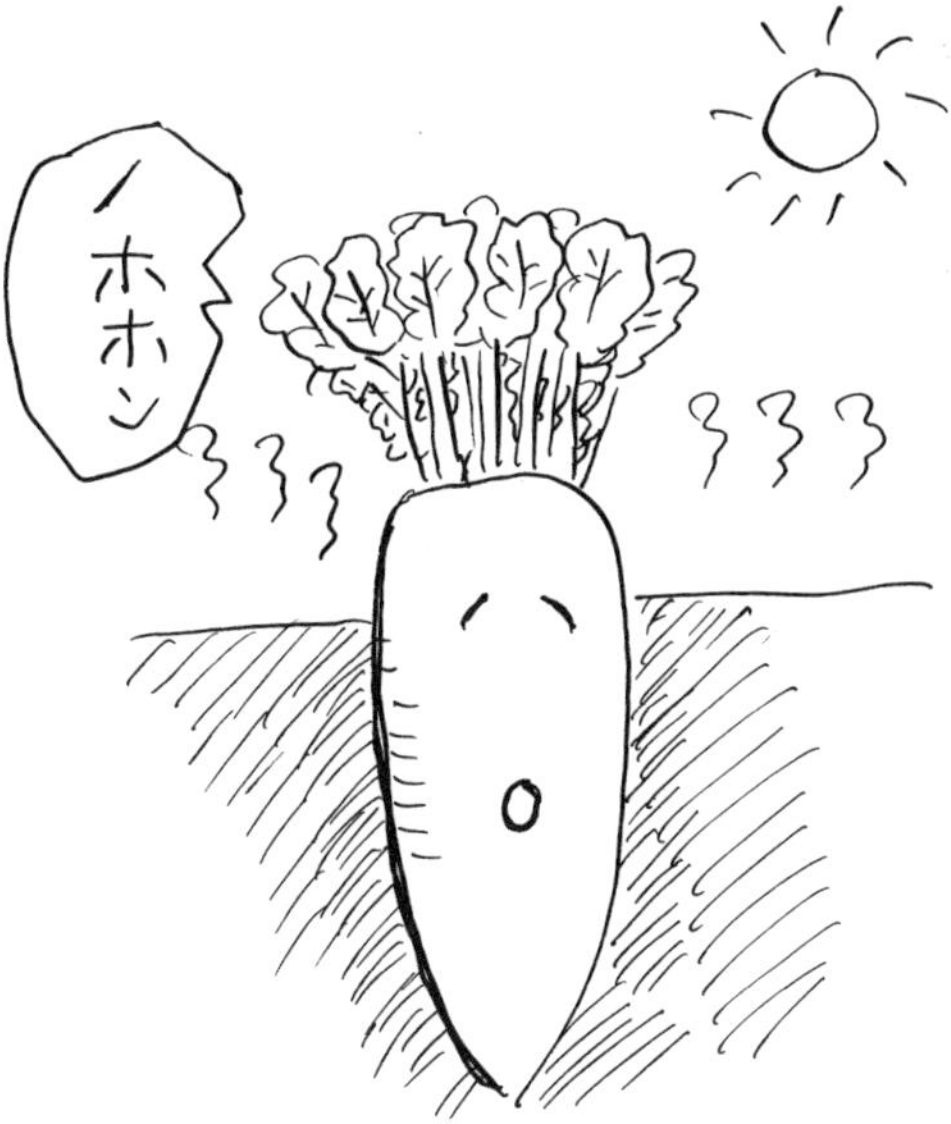

そのうち、その話はいつのまにかその人の純正な悪口になっていき、そうなってくると途端に座が盛りあがる。

人というものは、常に誰かが悪口を言うのを待っているような気がする。

誰かが一言、

「コムロ……」

とでも言おうものなら、

「落ちたんだって？　司法試験？」

ということになって、

「よかった」

という話になっていく。

もし、ですよ、これが、

「受かったんだって」

だと急に座がシーンとなる。

面白くもなんともない話になってしまう。

あー、いやだ、いやだ、人間て何て醜いのか、と口では言っているが、顔は満更でもないような表情になっている。

悪口はいけないことに決まっている。

言った相手を傷つける。

相手は必ず傷つく。

人が相手だといろいろと差し障りがあるので、人ではなくモノを相手にするというのはどうか。

いわゆる「モノに当たる」というやつ。

一口にモノといってもいろいろあって、モノによっては差し障りがあるモノもあるので、とりあえず身辺にあるモノ、エート、台所のテーブルの上にさっき買ってきた野菜が積んであるが、その中の、そう、大根、大根あたりでいってみることにする。

大根の悪口。

何となく鈍そうだし、大人しそうだし、悪口言っても大丈夫そう。

「馬鹿なんじゃないの、大根て」

「あ、それは言えるね、野菜の中でも偏差値低そう」

「あいつ、何も考えてないんじゃないの？　ただボーッと生きてるだけで」

「あのさ、方針てものが何もないいんだよね、こういうふうに生きていこうという」

「人参なんかはあるんだよね。色は赤くしました。目立ちます。ビタミン関係も用意しました。カロテン豊富です。花型に切ると料理のつけ合わせに映えます」

「大根、見映えがするるか？　カロテン用意してるか？」

「形にしても何の工夫もない。土の中でタテに伸びていっただけ。レンコンを見なさい。体の中をいろんなふうに工夫をしている。穴を開けて風通しをよくしたり、換気を考えたり」

「ピーマンを見なさい。家具とかは一切置かずに部屋を広く使おうという考え方」

「大根足」

「大根役者」

大根が大人しくて人が良いことにつけこんで悪口の言い放題。

「いいね」のボタンが一つも押されていない。

「だめね」ばっかり。

大根てそんなにダメな食べ物なのか。
そんなことはあるまい。
大根の好きな人はいっぱいいる。
ぼくだって好きだ。
みんなで大根をいじめると義憤を感じる。
「いいね」のボタンを押さねばなるまい。
偏差値は確かに低いかもしれない。その点は認める。

だけど大根を偏差値で評価して何の意味があるというのか。
みんな大根を偏差値で食べているのか。
おでんで食べている。
大根おろしで食べている。
風呂吹き大根で食べている。
どれもこれもおいしいぞ。
大根の形をどーのこーの言ってたようだが、あの形のどこがいけないのか。
真っ直《す》ぐ。
真っ直ぐに伸びる、真っ直ぐに生きていく、理想じゃないか、みんなそのことを望んでいるのだ、だけどそれが出来ないので悩んでいるのだ。

大根はそれが出来ているのだ。

部屋の中がどーのこーのと言ってたようだが、結局奴らは手抜きをしているのだ。

大根は全身大根、どこもかしこも大根、大根でない部分はどこにもない。

誠実。誠意。真心。真っ直ぐ。

色がついてない？　ただの白？

手抜きとかそういうことじゃないんだ。

純粋、無垢、汚《けが》れの無さ、そっちの白なのだ。

大根は風景としても成立する。

風景として成立する野菜なんてあるのか、とキミは思うだろう。

絵画のテーマとしての野菜はある。

カボチャは武者小路氏が好んでテーマにした。だがカボチャは風景としては成立しない。

冬晴れのある日、農家の軒先。ヒモですだれのように何本も結ばれた干し大根、その干し大根の列、まさに一幅の絵そのものではないか。

これこそ日本の冬、里の冬、大根の冬。

こう書いてきて、その文字数は「いいね」が「だめね」を上まわったようだ。

「いいね」

◉枝豆三粒入りの呪い

「トウモロコシを食べている」

と言うとき、当然のことながらわれわれはトウモロコシを食べている。

サッポロの大通公園名物「焼きとうきび」で検証してみます。

まずトウモロコシを食べている。

それに齧りつく。

あ、その前に、チラッと見ますよね、トウモロコシ本体を。

何となく見る。

焼け具合とか、実の入り具合とか。

それから齧りついて、一定の面積を歯でズリズリ削り取って、そのあとまた見る。

どう削り取ったか、削り跡はどうなっているか、どのような惨状を呈しているか。

業績というたぐいのものではないが一応気になる。

トウモロコシに限らず、どんな食べ物でも食べる前にこれから食べようとするものを一応見る。

齧った跡がしきりに気になる食べ物もある。

羊羹《ようかん》がそう。

齧り跡を眺めながら「オレの歯は羊羹をこのように削り取ったのか」としみじみ感慨にふけったりする。

いま、わたくしが言おうとしているのは次の一点である。

「食べ物というものは食べる前に、チラッとその全容を眺めるものである」

人間とはそういうものである。

ま、本能と言うほどではないが、とかく人間はそうする。

ところが、です。

それをしない食べ物が一つだけあるんです。

しかも、そのことを誰一人気づいていない。

つまり、これから食べようと思っている食べ物を全然見ないで食べ始める。

枝豆です。

いいですか、興奮しないでくださいよ。

「枝豆のどこが見たいのに見ない食べ物なのかッ」

それをこれから検証していきます。

皿に山盛りの枝豆が目の前にあります。

あなたはその中から一個を取って、いま、口のところへ持っていきました。

一莢《さや》に豆が三個入っている枝豆です。

あなたは、その三個の豆の、豆と豆の間と覚《おぼ》しき辺りを噛みしめ、そのままズリズリと圧《お》し出していって口の中にポトリと落としました。

噛む。

飲みこむ。

さあ、ここであなたのこの一連の行為を振り返ってみましょう。

あなたは、一度でも莢の中にあった豆粒を目撃したでしょうか。

豆自体は莢の中から口の中へ移動したわけだが、あなたはその途次を見ていない。

チラとも見ていない。

ついさっき、わたくしはこう言ったばかりだ。

人間はこれから食べようとするものにチラと視線を走らせるものだ、と。

あなたはいま、一度も豆粒に視線を走らせなかったじゃないですか。

走らせようと思ったかもしれないけど、豆自体は莢から口の中にさっと消えてしまって見ようにも見られなかったじゃないですか。

しかも、

「見られなかったなァ、見たかったなァ」

とも思わなかったじゃないですか。おかしいじゃないですか。

ときには
じっくり
見てあげましょう
ジックリ

迂闊、ということで済ましていい問題ではないと思う。

「日本人全体の迂闊」という大問題であると思う。

これから先、枝豆を食べるとき、日本人はすべからく、枝豆を手に取ったらまず皮を剝き、中の豆を取り出し、その全容をしっかり見届け、そののち口の中に入れるという習慣を、今からでもいいから身につけるべきなのだ。

この問題は人間側の問題であると言い切れず、枝豆側にも多少の責任があるような気がする。

枝豆側も気をつけてほしい。

どういうふうに気をつければいいのか、それはすぐにはわからないが、とにかく気をつけてほしい。

苦情ついでに言っておきたいことがもう一つある。

枝豆は莢に三個入っているのが多い。

そのために人間側はこういう苦労を強いられている。

　たとえば四、五人で居酒屋に行く。

「とりあえずビール」

ということになり、

「とりあえず枝豆」

ということになる。

ビールが来て枝豆が来る。

枝豆は皿に山盛り。

枝豆は一莢に三個入りというのがいちばん多い。

余人は知らず、ぼくはまず三粒入りを取る。

余人を見ていると、余人もまた全員が三粒入りを取っている。

なぜ余人全員が三粒入りにこだわるのか。
大きなナゾとも言えるが簡単きわまるナゾとも言える。
無難。
なにしろ三粒入りがいちばん多いので多いのを取れば目立たない、波風が立たない。
一理はある。
二理はない。
みんながみんな三粒入りを取っていけば、三粒入りはいずれ枯渇する。
「三粒入り争い」が起きる。
残っているのは二粒入りと一粒入りばかり。
この争いのほうが三粒入りの争いより熾烈になると思う。
いずれにしても粒数の争いである。
なぜ枝豆は莢の中の粒数を違えるのか。
粒数を一定にすれば何の問題も起きないのだ。
そうしなさい。

◉納豆の正体

納豆が厄介な食べ物であることは日本人なら誰でも知っている。

食べようと思うと必ず面倒なことになる。

納豆を食べるにはまず掻き回さなければならない。

そうすると、粘る、糸を引く、その糸がテーブルに垂れる、指にもくっ付く、気持ちわるい、掻き混ぜた箸を後で洗うのが大変、まだまだいくらでもある。

だけど日本人は納豆が好き。

牛丼の吉野家の特朝定食でさえ納豆が付く。

吉野家の客の大半は若い人で、若い人は納豆なんかどうでもいいと思っているはずなのに、ちゃんと付く。

一体、納豆のどういうところが好きなのか。

ということになると、やっぱり粘るとこが好きということになるのではないか。

矛盾してるじゃないですか。

厄介で面倒、なのに好き。

もし納豆が粘らなかったら、ふつうの煮豆状態だったら、恐らく誰も食べようとしないと思う。

つまり納豆の魅力はあの糸の魅力ということになる。

そもそもあの糸とは何者なのか。

納豆のパックを開けてみよう。

パックの中には納豆本体とタレの小袋が別々に入っている。

二者は本来別々の存在なのだ。

ここで「タレそのものは粘らない」ということを指

摘しておきたい。

タレは納豆と混じって掻き回して初めて粘る。

日本人はこのあたりの認識が曖昧になっている。

納豆としての豆も、タレも、糸も、全部いっしょに〝納豆というもの〟と考えている。

もしかしたら……。

もしかしたらだけど、もしかしたら納豆の魅力の半分は豆ではなくあの糸（ネバ）のほうにあるのではないか。

いや、もしかしたら、半分どころではなく、そのほとんどが糸の魅力なのではないか。

納豆を食べるとき、その前にみんな一生懸命掻き回す。

糸のために。

糸作製のために、懸命に。

もしかしたら、糸は納豆から独立してもやっていけるのではないか。

なんだかやっていけそうな気がする。

「これなら、ひょっとして、納豆の豆なしでも、つまり糸だけでもってゴハンを食べられるのではないか」

老舗の蕎麦屋には「天ぬき」というメニューがある。

天ぷら蕎麦から蕎麦を抜いて天ぷらだけを食べる。

納豆から豆を抜いて糸だけでゴハンを食べる。

ウーム、おいしそう。

一度試してみるか！

日本人で「納豆の糸だけゴハン」を食べた人はこれまでにいるのだろうか。

日本の納豆史上初《はつ》ということになるのではないか。

ということは必然的に世界の納豆史上初ということになりギネス的快挙ということになる。

とは思ったが、「納豆の糸だけ缶」というような商品はこれまで見たことがない。

自分で作製するよりほかはない。

どうやって作るか。

とりあえず納豆パックに付いているタレの小袋を利用することを考えついた。

納豆を10パック（500円）買ってきてタレの袋だけ取り出す。

ご承知のようにタレの小袋はきわめて小さい。

小袋をハサミで切っては容器に溜め、切っては容器に溜めて10袋でようやく大サジ2杯ぐらい溜まる。お猪口に約1杯。

前途は多難である。

前述のとおり、このものはまだ粘っていない。

この作業とは別に納豆本体5個を器に入れて掻き混ぜる。

糸作製の作業である。

なぜ5個かというと、欲しいのは糸だけなので、糸そのものの量としてなら5個もあれば十分と考えた。

だが5個いっぺんに納豆だけを掻き回すとなるとかなり重労働。割り箸だと折れる。

そこへさっきのお猪口1杯のタレを投入してまた攪拌につぐ攪拌。ヘトヘト。

頃はよし、ここで茶漉し登場。

納豆とタレがようく混ざったものを茶漉しで漉す。

タラーリ、タラーリと落ちてくるはずが、ヌラーリ、ヌラーリ。

なにしろ粘るので落ち方が遅い。

気長に待って40分。

お猪口1杯が半分に減っている。

だがこれぞ納豆の糸の精髄、宝物。

いよいよ世紀の一瞬、これを熱いゴハンにかけて食べます。

前人未到の「納豆の糸だけゴハン」。

熱いゴハンの上にタラタラ、それを口中へ。

モグモグ。

ウーム、こうきたか。

たぶん、こうくるだろうな、ということは予想していたが、つまり、粘りがかなりなくなっていて、納豆の匂いも薄まっており、やはり主《あるじ》不在の寂しさというか……いや、決しておいしくない、とは言ってません、が、しかし、糸の出し主《ぬし》である豆によって成り立っている食物であるがゆえの物足りなさ、というか……口調がだんだん暗くなってきているので結論の見当がつきつつあると思うが、いや、しかし、これはこれで納豆の新しい食べ方であって、日本人ならば一生に一度は試してみる価値は大いにある、と思いつつも、精髄作製に至るまでの時間と労力と費用を考えると、ちょっと迷っております。

◉ナニ？ コオロギラーメン？

5月某日、午後2時15分、玄関チャイム、鳴る。

ピンポーン！

コオロギラーメン来る！

ネットで注文したコオロギラーメンが宅配便で届いたのだ。

ナニ？　コオロギラーメン？聞いたことないぞ、と思った人も多いと思うが、そういうものが出現したのです。

ラーメンの具といえば、とりあえずチャーシューとメンマ。

そこにコオロギが加わることになったのです。

コオロギラーメンという名前を聞いた人は二派に分かれる。

世界的な食糧危機。

人類はついにコオロギまで食べなければならなくなったのか。

もう一派はロマン派。

コオロギといえば虫、虫といえば虫めづる姫君、平安貴族、優雅。

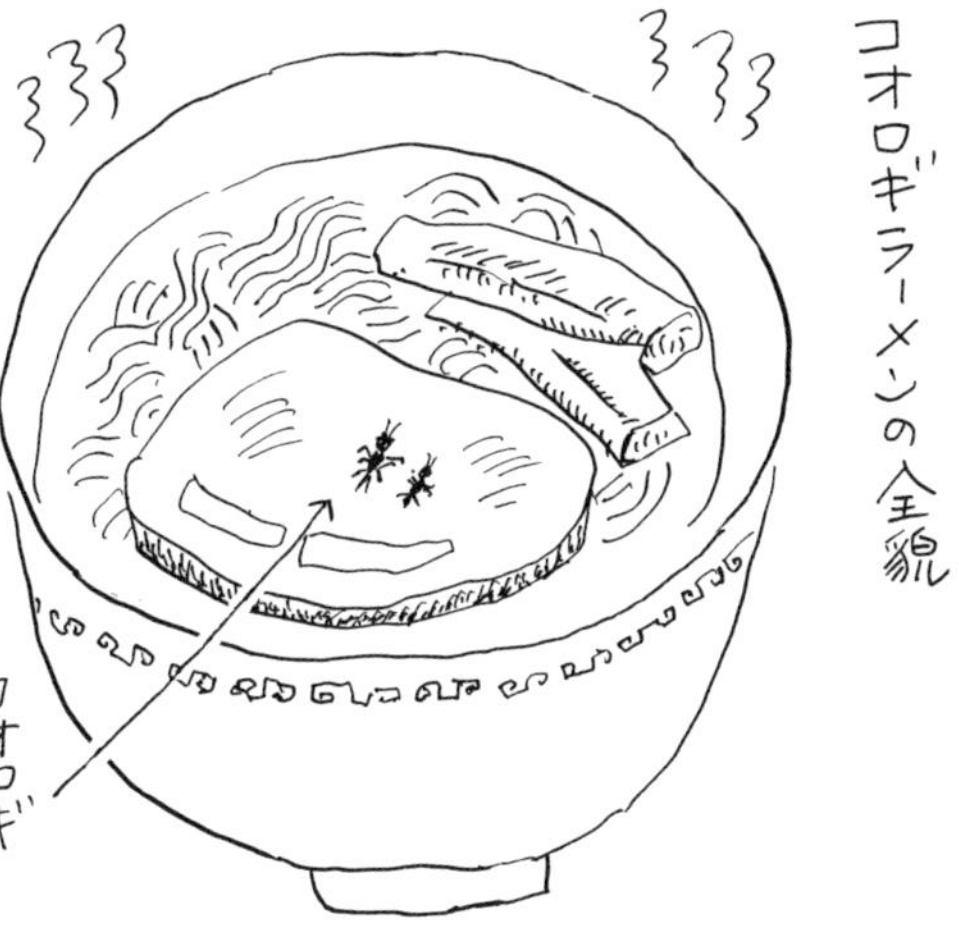

ぼくはそのどちらかというとどちらでもない。

食いたい派。

で、取ったわけです、そしたら冷凍便なので時間指定、その時間が午後2時15分だった。

ただちに開封。

ただちに調理。

ここで、

「コオロギラーメンなんてどうせゲテモノ系でしょ」

と思った人に警告。

説明書、読みます。

〔出汁〕2種の国産コオロギをブレンド。

いきなり国産にこだわっ

ている。
〔タレ〕コオロギを発酵させたコオロギ醤油をタレの一部に使用。
コオロギ醤油とはコオロギのタンパク質を米麴の酵素で分解しグルタミン酸を引き出した昆虫発酵調味料のこと。

〔麺〕コオロギを粉末にして練り込んだ麺。麺を啜《すす》った時にほのかにコオロギの香ばしさが香ります。

もはやゲテモノなどと言わせない鼻息。

当方も期待に胸がはずんで激しい鼻息。

箱の中には麺の袋とスープの袋。スープの袋の中にチャーシューとメンマが入った袋と、それとはまた別封のコオロギの袋。

コオロギは2匹（国産）。

2匹はそれぞれ別々のビニールの袋に入っている（別邸）。

なにしろコオロギ（国産）はこのラーメンの主役なので厚遇されていて賓客扱いということらしい。

説明書に従ってラーメン丼に茹であがった麺を入れ、スープを入れ、その上にチャーシュー（でかい）をのせ、その横にメンマ2本（太い）を並べ、いよいよ賓客の出番。

コオロギはくっきり原形を保っていて今にも動き出しそう。

それをチャーシューの上に並べてのせる。

説明書によると「コオロギの立体感を引き立てる」ことが大切らしいので、チャーシューにつかまっている感じを出して並べた。

まずスープを一口。

塩ラーメンっぽい醤油味。濃い目。

コオロギの足のトゲトゲんとこがすっごくおいしい!

自信と強気を感じる。

ギトギト系ではないが、スープに浮く脂はけっこう多い。

うん、なかなかおいしい。

麺は中細。硬目。

うん、なかなかよろしい。

だけど「麺を啜った時にほのかにコオロギの香ばしさが香る」はずのコオロギ感はあんまり感じられない。

もっともこれまでコオロギを口にしたことがないので、そもそものコオロギの香ばしさなるものを知らない。なのでそのへんのところの感想には自信がもてません。

そしていよいよコオロギ本体。

箸の先でつまみ上げてみたものの、これはどう見てもコオロギそのもので、ちゃんと長いヒゲがあり、足にはちゃんとトゲトゲがあり、これをラーメンの具として扱っていいものなのか、と大いに迷いつつも口の中に放り込む、噛む、ジャリジャリ、ボリボリ、トゲが口の中でトゲトゲ、うん、けっこういける、素揚げだというが確かに素揚げの味、甲殻類の素揚げの味、ということはエビ、カニの素揚げ、ということは、コオロギの搔き揚げなんかにしたら、これはもうビールのつまみにぴったり。

　コオロギの前途洋々。

　いよいよ食糧危機ということになったら、毎日毎日コオロギの搔き揚げを食べればいいのだ。

　コオロギが地球を救うのだ。

　それにしても、と、1匹のコオロギを箸でつまみ上げながら思う。

　こんな小《ち》っぽけな虫で地球の全人口を賄うことができるのか。

　それがどうやら杞憂らしいという情報がある。

　世界の人口は2050年には100億人に迫るとされ、そうなると動物性タンパク源は必然的に足りなくなる。

　そのときクローズアップされるのが昆虫だという。

昆虫を養殖して大量生産する。
昆虫は牛や豚のような面倒な世話を必要としない。
ゲップもしない（たぶん）。
昆虫の中でもコオロギがいろんな理由で食糧に適しているという。
コオロギは生まれてから50日で成虫になる。
1匹のメスは1回に1000個近くの卵を生むらしい。
しかも年に6回。
それをちゃんと計算していくと、1年後には何百兆匹という数になる。
そしてその重さはトンの単位になるという。
これだけあればコオロギの掻き揚げぐらいなんぼでも作れる。
そうだ！　そうなったら、コオロギラーメンのコオロギは全部掻き揚げにする。
立ち食いそば屋で食べるとおいしいぞ。

◉0秒ラーメン

合言葉というものがあります。

「山！」と言えば「川！」。

「ゴホンといえば龍角散！」

「麺と言えば啜る！」

啜るよりほかに食べようがないわけです、麺類は。

うどんもそばもラーメンもズルズル啜って食べる。

まてよ、ほかの食べ方もあるような気がするが……ない。

ようく考えてみるが……ない。

「焼きそばの場合は啜らないんじゃないの」

と言う人もいるかもしれないが、焼きそばも最終的には啜る。

モサモサと口に入れたあと、口から少し垂れ下がった部分を啜る。

「でもバリバリのかた焼きそばの場合は啜らないんじゃないの」

と、しつこい人には、

「あれだって麺にタレがからんでいるのでそのタレを啜ることになります」

と、こっちもしつこい。

言わずもがなのことだが、「麺を齧る人」はいない。

ぼくもずっとそういう常識の中で平和に暮らしていたある日、次のような記事が新聞に載っているのを発見した。

「チキンラーメン・そのまかじる用」。新発売。

ひら仮名ではあるがまぎれもなく齧るの文字。

ぼくの平和は突然くずれた。

記事には「かじるチキンラーメン」の写真が載っている。

チキンラーメンを名乗るからにはチキンラーメンの元祖日清食品でなければならない。

そのパッケージにはまぎれもない「日清食品」の文字。

パッケージ全体を見てみる。

まん中に大きく堂々「チキンラーメン」の文字。

その上に「0秒《ゼロびょう》」。

わざわざ「ゼロびょう」と仮名がふってある。

右上部に「湯かけ禁止」、その下に（おいしくないよ）。

パッケージの裏には「そのままかじってちょうどおいしい味」。

その文字の下に警告マーク⚠があって「湯戻しして食べるとおいしくありません」。

ナンダ、ナンダ？

つまりナンナンダ？

店に走る。

買って帰る。

見かけはどう見ても見なれたインスタントラーメンの袋。

破いて取り出すと、いつもの茶色いインスタントラーメンの丸いカタマリ。

本物には中央にタマゴをのせる凹《くぼ》みが付いているのだが、この「0秒ラーメン」にもちゃんと凹みが付けてある。

パッケージにちりばめられている文字から総合判断すると、その言わんとするところはお湯に対する絶縁宣言である。

湯はかけるな、と、しつこく言っている。

「おいしくありません」とさえ言っている。

いろんなことをいろんな言葉で言っているのだが、要するに、このものをラーメンと思ってくれるな、ということ。

啜らないで齧ってくれ、ということ。

ぼくとチキンラーメンの付き合いは古い。

50年以上の付き合いであるからまさに竹馬の友。

これまでその友を啜ったことはあるが齧ったことはただの一度もない。

でも齧れということなのでおそるおそる齧ってみることにする。

竹馬の友を手で摑んで口のところへ持っていく。

大きく口を開けたのだが、どうもなんだか、恥ずかしいというか、照れくさいというか、きまりが悪い。

　旧知の仲ということもあって、

「そうじゃないだろ」

と言われているような気がする。

　何しろ友は凹みまで付けているのだ。すっかりその気になっているのだ。

　その気というのは、すっかり熱湯を浴びるつもりになっているということ。

「エ？　いきなり齧るの？」

と驚いている。

　こうなるまでの経緯《いきさつ》を説明してから齧ればよかったのだが、確かにいきなりというのはまずかった。

　大口を開けてガリリ。そうなんです、ガリリなんです。ズルルのはずがガリリ。ガリガリ、ボリボリ、クシャクシャ。

　口の中、トゲトゲ、ゴツゴツ、パリパリ。

　おっ、意外においしい。

　あの、ですね、煎餅です、煎餅は平べったいけど平べったくない煎餅、細長いヒモ状の煎餅、煎餅は醤油の味が表と裏の二面だが、こっちはなにしろヒモなので多面体、その各所にラーメンスープの味が浸みこんでいる。

うーん、いける、ガリガリ。

おー、おいしい、ボリボリ。

インスタントラーメンの形を改めて思い起こしてください。

直径およそ10センチ、厚さ3センチ、まん中がちゃんと凹んでいる例のやつを手に持って、端のところからバリバリやっちゃってるわけです。

あー、このバーバリズム。

あー、この快感。

ヒモ煎餅は互いに複雑に絡み合って層になっていて、しかし、それらがちゃんとした丸い成形となっているわけで、その成形を片っぱしから破壊していく快感。

「齧って食べる」食べ方のほかに「砕いて食べる」という食べ方もあって、これは袋ごとたたいて砕き、バラバラと口に放りこんでモシャモシャ食べる。

ズルズルからバリバリへ、バリバリからモシャモシャへ。

ビールのつまみにぴったり。

インスタントラーメンの歴史、今、ここに覆る。

◉ポップコーン遊具論

ポップコーンは食べ物なのか、遊び道具なのか?

そんなことを考えた人はいないと思うが、思ってみることにしました。

とりあえずポップコーンを食べ物であると仮定します。

仮定しなくたってポップコーンは食べ物なのだが、食べ物にしてはあまりに軽輩に過ぎはしないか。

つい苦言を呈したくなる。

まず軽すぎる。

食べ物というものはある程度の重さがあって、そこにわれわれとの信頼関係が生まれる。

ステーキにしろ羊羹にしろ、ある程度の重さをわれわれは期待している。

その期待にポップコーンは応《こた》えているだろうか。

ポップコーンはその質問に、ただ項垂《うなだ》れるばかりなのではないか。

形はどうか?

あれは食糧としての自信に満ちた姿に見えるだろうか。

ふざけている、馬鹿な真似をしていると見る人がいてもそれを否定することができるでしょうか。

歯応えも頼りない。

またしてもステーキを引き合いに出してポップコーンには気の毒だが、食べ物はある程度の歯応えがあって初めて、ああ、この物はこうしてわが血となり肉となっていくのだ、という実感がわくものなのだが、ポップコーンにそれを期待できるか?

嚙んでも嚙んでもそれに応えることなく、ヘニャーとかカシューとかクシューとかヘニャっているばかり。

食べ物はたくさん食べればやがて満腹に至る。

ポップコーンはいくら食べても満腹に至らない。

たとえ丼に10杯食べても満腹に至らない。

たぶん20杯食べても満腹しないと思う。

もっともポップコーンを丼で食べる人はいないと思うが、話をわかりやすくするために丼を使いました。

何杯食べてもなかなか満腹しないので急場の食べ物に向かない。

たとえば戦場にポップコーンを持っていったとする。

いくら食べても腹の足しにならないばかりかやたらに手間がかかる。

袋に手を突っ込んだり摑み出したりして口に持っていってもバラバラ零《こぼ》れ落ちる。

何しろ戦場なので慌《あわ》てているし、それどころじゃないので塹壕《ざんごう》の床はポップコーンだらけ。

食べ物というものは味があってこそ。

なのにポップコーンは味で勝負できない。何しろ味がない（薄い）。

ポップコーンが食べ物であればそれを食べるのは食事ということになる。

食事ということになれば【生存に必要な栄養分をとるために、毎日の習慣として物を食べること】になる。

ポップコーンに人間の生存という重責を負わせても大丈夫なのか。
食べ物失格。
食べ物落第。
では遊び道具としてのポップコーンはどうか。
適性はあるのか。

口からボロボロ
こぼれ落ちる
快感！
ポップコーン

あるんですね、遊具としてのポップコーンには適性がいっぱい。
われわれはポップコーンをどういう状況のとき食べているか。
かつて「カウチポテト族」という言葉が流行《はや》った。
カウチ（ソファ）に寝そべってテレビを見る人々。
ポテトチップとポップコーンがその主役だった。
テレビの内容は映画や野球中継。
そうなのです、ポップコーンはもともと娯楽のお供だった。
ソファに寝そべってその傍《かたわ》らにポップコーンの大袋。
大袋に手を突っ込んでポップコーンをザクリと大摑み。

このときの手の感触が好ましい。

大摑み、大雑把《ざっぱ》、大量。

ポテトチップや柿ピーの場合はもっと慎重、手探りの感覚があるがポップコーンはこの鷲摑みが楽しい。

その大量の鷲摑みを口のところへ持っていって口の中に押し込もうとすると当然のことながら口から溢れてボロボロ零れる。

このボロボロが実は楽しい。

何故かわからないのだが嬉しい。

してはいけないことをしている背徳の喜び。

また床に落ちたポップコーンもポンポンはずんで嬉しそうに転がっていくんですね。

「どこへなと転がっていけ」

と当人も大らかに見守る。

このとき、ポップコーンが食べ物であるという認識はない。

遊び道具として捉えられている。

ポップコーンが口から溢れてボロボロ零れるのにいったん快感を覚えると、そのうちだんだんわざと零すようになる。

わざと口一杯に頰張り、わざとボロボロ零す。

この段階でポップコーンは完全に食べ物ではなくなっている。

そのうちだんだん目をつぶって大袋から顔面に振りかけるようになる。

顔にバラバラ落ちてくるポップコーンの感触が心地よい。

顔面に当たって口のところに転がってきたポップコーンだけを口の中に招き入れて食べる。

この「招き入れる」ところにゲーム性があり、口の中に入ってきてもよし、入らないで転がっていってもよし、どこへなと行けの心境に立ち至れば、ポップコーンにはもはや食べ物としての面影はなく完全な遊び道具と化しているのは言うまでもない。

妥協案もあることはある。

時に食べ物として食べ、時に遊具として食べる。

◉鯵フライ讃

柄にもなく愛について考えてみました。

恋愛、純愛、郷土愛、母校愛、鯵のフライ愛……。

母校愛というのは、例の林真理子さんの日大愛のことで、鯵のフライ愛というのは、ぼくが鯵のフライが大好きであるということ。

このたび林真理子さんが日大愛を発表したので、それに対抗してぼくも鯵のフライ愛を発表しようと思いついた。

ぼくは鯵のフライの大ファンなのだ。

フライ物には海老フライ、メンチカツ、コロッケ、ハムカツ、トンカツ、串カツなどいろいろあるが、その中で鯵のフライがダントツに好き。

なんてったって姿かたちが可愛い。

ハート型。

なんてったってアイドル。

一匹の鯵を包丁で開いて油で揚げてふと見ればハート型。

ステキなアイドル。

一匹の鰯を包丁で開いて油で揚げてふと見ても長すぎてハート型にはなってない。

一匹のサンマを包丁で開いて油で揚げてふと見てもハートの形にはなっていない。

ハート型になるのは鯵だけ。

鯵は自分でハート型になろうと思ったわけではない。生まれながらにしてハート型になる運命を背負っていたのだ。

天性の才能をぼくはそこ

に見る。

生まれながらの才能はまだある。

鯵のフライはしっぽごと揚げる。

しっぽはちょん切らない。

その結果として、鯵のフライはハート型のお尻のところからチョコンと自分自身のしっぽが出る。

このしっぽがキュート。

どこがどうなってもアイドル。

いつだってアイドル。

鯵のフライの魅力は姿かたちだけではない。

その性格や人柄にもぼくは強く惹かれる。

つい先日、こんなことがあった。

その日ぼくは珍しく朝早く目覚めてしまったので寝呆けまなこで枕元のテレビのスイッチを押した。

そうしたら「所さんお届けモノです！」（TBS系）という番組をやっていて、今まさに鯵のフライをテーマにしていて、今まさに所さんが鯵のフライを箸ではさんで口のところへ持っていって、今まさに齧ろうとしているところだった。

所さん鯵フライを齧る。

齧り跡を見る。

つくづく見る。

頷く。三回頷く。

所さんは結局一言も発しなかったのだが、ぼくはその三回の頷きは、味というより齧り跡の見事さに対する讃辞であると解釈した。

誰が齧っても
齧り跡がスッキリ!
たとえば
こう!

ぼくは常日ごろ、鯵のフライを齧るたびに、その齧り跡の見事さに感服していた。

そうなのだ、鯵の齧り跡はきっぱりしているのだ。

たとえば鰯のフライを齧ると齧った周辺がグジャグジャになる。

サンマのフライもグジャグジャになってみっともなくなる。

鯵は齧られても毅然としている。

身を持ち崩すことがない。

ぼくはそこに鯵の矜持を見る。

と同時に誠実を見る。

誠実に鬻られたからには誠実に応えよう、それが鯵のフライの人生哲学なのだ。

身を持ち崩すことなく清潔をたもとうとする精神が奥深いところで誠実につながっていることを人々は知っている。

魚のフライ物には全身系と切り身系がある。

鮭のフライ、タラのフライは切り身系に属する。

切り身系は全身ではなく体の一部だけを提供するという立場をとっている。

しかるに鯵の場合は全身でフライという立場に臨んでいる。

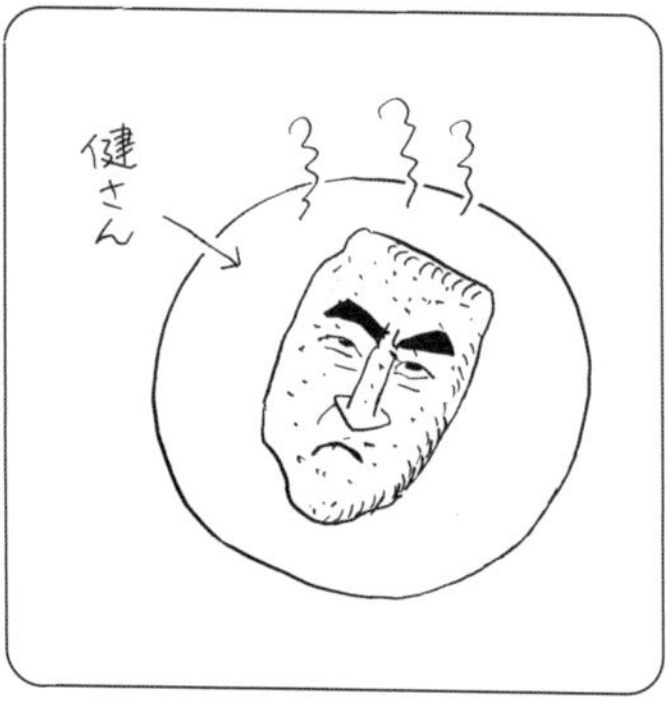

全身を捧げている、という言い方もできる。

全身を擲《なげう》っている、という言い方も成り立つ。

ぼくはここにも鯵のフライの誠実を見る。

わが身を顧《かえり》みる、とか、損得を考える、とか、そういうことに無縁の人生観は尊敬に値するのではないか。

鯵のフライはなんてったって心安い。

われわれと昵懇《じっこん》の間柄である。

お高くとまっているところがない。

たとえば海老フライ。

なんかこう、どこかお高くとまっている感じがするのは否《いな》めない。

これがフライではなく天ぷらということになると、これはもう完全にお高くとまっている。

高級天ぷらの店になるとお高い値段のお皿に白い紙を敷いてお出ましになる。

鯵のフライは白い紙の上にのせられたことなど一度もない。

いつだって定食屋の、一部が欠けたりしている皿の上にのっかっている。

そういう皿にのっかった人生を過ごしている。

鯵のフライは操を守る。

魚に操を要求するのはもともと無理なのだが、無理だからこそそれを守ろうとする鯵のフライの純真がわれわれの胸をうつ。

たとえば海老フライの場合。われわれはこれに何をかけて食べるか。

ソースという選択もあればタルタルソースという選択もある。

鯵のフライはどうか。

鯵のフライは迷わない。

鯵のフライをタルタルソースで食べる人はいない。

ソース一筋。純情一筋。

いざとなれば全身を擲つ。

フライ界の高倉健。それが鯵のフライだ。

◉煙よ煙

最近ソロキャンプというものが流行っているらしい。

テレビの番組にもしばしば登場する。

一人で山に行って一人でテントを張り一人でゴハンを炊いて一人で食べる。

見ていると、テントを張るだけでも大変そう。

ゴハンを炊くのも大変そう。

薪を拾ってきてマッチで火をつける。

新聞紙をねじって火をつけ、小枝からだんだん太い薪に火を移していくのだが、その途次、火吹き竹で励まし、薪と薪の間の間隔を広げたり縮めたり、ウチワで煽いで鼓舞したりして火勢の拡大をはかったのち、ようやくメラメラと燃えあがることになるわけだが、このあたりになると見ている側は、

「よかった！」

と思う。

「これでいいのだ」

夕焼け
からすの声
カアーカアー
カーン
木の風呂桶の音

と、ホッとする。

火を見ると人間はなぜか安心する。

火と煙は常にワンセットになっている。

火のない所に煙は立たない。

薪からゆるゆると煙が立ち昇る。

この煙もまた心が安らぐ。

ゆるゆると立ち昇り、静かに横にたなびき、いずこへともなく消えていく。

自由気まま。

自分が行きたい方向に向かう。

You can do as you like.

誰の指図も受けない。

あるがままを受け入れる。

Let it be.

煙はビートルズだったのだ。

だから人々の心をうつのだ。

それにしても、と、ぼくはここで反省する。

昭和生まれのぼくは何の躊躇もせずに「火吹き竹」と書いた。

「ウチワ」と書いた。

令和の人々には何のことかわからないと思うので解説する。

【火吹き竹】　吹いて火をおこすのに用いる竹筒。

【ウチワ】　細い竹を骨とし、紙または絹を張って柄をつけた、あおいで風を起こす道具。

（いずれも「竹」は「プラスチック」になっているので注意）

いずれにしても、かつては火も煙も人々に愛された。

人気があった。

煙は風景としても人気が高かった。

夏の風景としての蚊取り線香は秀逸だった。

町の銭湯の高い煙突から立ち昇る煙も、映画「ＡＬＷＡＹＳ　三丁目の夕日」の名物だった。

昭和の時代は煙の全盛時代だったのだ。

蒸気機関車なんか元気一杯、大張り切りだった。

誰にも気兼ねなく、吐きたいだけ煙を吐いていた。

いま煙は気兼ねだらけだ。

人々は煙を煙たがるようになった。

煙は公害の元凶ということになって嫌われるようになった。

だが日本から煙が消えてなくなったわけではない。

焼き鳥屋の店先から盛んに煙が出ている。

鰻屋のノレンの間からは煙が送り出されている。

現在われわれが日頃目にする煙はこの二つぐらいだろうか。

この二つは絶滅危惧種として、また無形文化財として守っていく責務がわれわれにあることを肝に銘じておくべきであろう。

無形文化財ということになれば、いずれ紫綬褒章とか文化勲章とかの問題が出てくると思うが、そうなると勲一等とか二等とかの問題も当然出てきて、どっちが上で、どっちが下か、という問題も出てくることになる。

焼き鳥の煙と鰻の煙とどっちが偉いか、ということになっていかざるをえず、物議をかもすことになるのを今から心しておかなければならない。

こうなってくると、われわれは今、煙に対してどのような姿勢に立脚すべきか、どのような態度で向き合うべきかの局面にさしかかっていることに気づかざるをえない。

煙容認。

煙追放。

安易な容認、安易な追放、それだけは避けたい。

とりあえず、これまでの煙の実績、および業績について考えてみることにする。

煙の実績はあれでなかなか侮《あなど》れないものがある。

観光事業振興への寄与。

熱海や西伊豆などの観光地では魚の干物を並べて売っている。

店先で実際に焼いてみせたりしている。

焼くと煙が出る。

観光客はその煙を見て近寄ってくる。

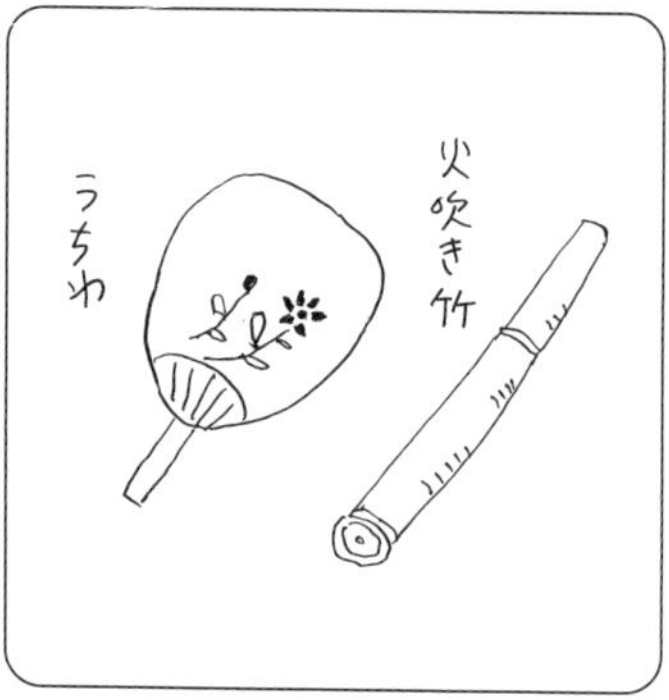

近寄ってくれば干物を焼くいい匂いがする。
思わず買う。
もし店先から煙が立ち昇らなかったら。
観光客は近寄ってこなかったはず。
近寄ってこなければ売れなかったはず。
売れなければ業者は潤《うるお》わず、業界の振興はかなわなかったはず。
これらすべて煙の業績である。
業績はまだある。
燻製という事業。
いぶすことによって煙の味が食べ物にうつる。
スモークサーモン、ベーコン、スモークチーズ、これらはすべて煙の働きによる。
偉大なるかな煙の力。
それあるが故に人々は煙を尊敬する、懐かしがる。郷愁をおぼえる。
それあるが故に何とかして煙を見たいと思う。
料理の演出としてしばしばドライアイスが用いられる。
あれは煙ではない。
煙ではないのに何とかして煙として見ようとする。

◉鯛焼きの開き

驚かないでください（驚きたい人は驚いてもいいが）。

〝鯛焼きの開き〟というものがあります。

「エエーッ？　鯛焼きの開きィ？」（傍点筆者）

と驚く人もいれば、

「なんでそんなバカなことをするんだ」

と激高する人もいれば、

「鯛焼きの開きというと鯛焼きを鯵の開きみたいに開くわけだよね」

と、オロオロする人もいて侃々諤々《かんかんがくがく》。

そんなバカなものがあるわけがない、ということでみんなの意見が一致する。

ところが驚かないでください（驚いてもいいけど）。

いま、ぼくは、ホラ、このように、鯛焼きの開きなるものを手に持っているのです。

実物です。

買ってきたばかり。

およげ！たいやきくんジャケット

ということは売っている店があるということになります。

ぼくの場合はこの情報をもたらしてくれた人に買ってきてもらったわけですが、その店は杉並区のJR阿佐ケ谷駅のそばのパールセンター商店街にあって店の名は「ともえ庵」。

わかった。そういうものがあるということはようくわかった。

だけどなぜそんなバカなことをするのか。

そもそも鯛焼きというものはそのまま齧って食べる

ものではないのか。

そのまま齧ればいいのに、なんでそれをわざわざ開きにするのか。

意味ないじゃないか。

意味あります。

鯛焼きの商売は作った製品が毎日売り切れるわけではない。

どうしてもロスが出る。

そのロスを何とかして少なくしたい。そこから生まれた商品かもしれない。

売れ残った鯛焼きをとりあえず開きにする。

開きにして内側にもう一度皮をかぶせる。

鉄板で上から押してもう一度焼く。

押して焼くと煎餅になる。

商品の再生。時あたかもサスティナブルの時代。

鯛焼きの開きこそまさにＳＤＧｓ。脚光を浴びてこその商品であって、非難などとんでもない話だ。大威張り、堂々の商品なのだ。

問題は買おうとする人の心理。

はたしてこの商品を買う気になるかどうか。

魅力ある食べ物になりうるか。

買う側の心の問題ということになります。

ここで突然「およげ！たいやきくん」の話になります。

あまりに突然の話なので驚く人も多いと思いますが「たいやき」のところで話はつながっているのでホッとしてください。

「およげ！たいやきくん」は50年ほど前、大ヒットした。

誰もが驚く450万枚。

なぜこんなに売れたのか。

たいやきくんは、

「まいにちまいにちぼくらはてっぱんのうえでやかれていやになっていた」

ので、

「店のおじさんと喧嘩して海に逃げこんだ」

そうしたら、

「お腹のアンコは重いけど海は広くて心がはずんだ」

「桃色サンゴが手を振ってぼくの泳ぎを眺めていた」

ここでは鯛焼きが魚として認知されているという事実（傍点筆者）に注目してほしい。

珊瑚《さんご》が手を振ったということは魚として認めたということにほかならない（傍点筆者）。

海の仲間がみんなで海の異端をあたたかく同胞として迎え入れてくれた。

今回の原稿は傍点がやたらに多いが、筆者の力点がそこのところに集約されているので許してやっていただきたい。

筆者が言いたいのは、みんな心を広く持とうではないかということ。

鯛焼きは魚ではない、などと小さなことを大きな声で言うような小さな人間であってはならないということ。

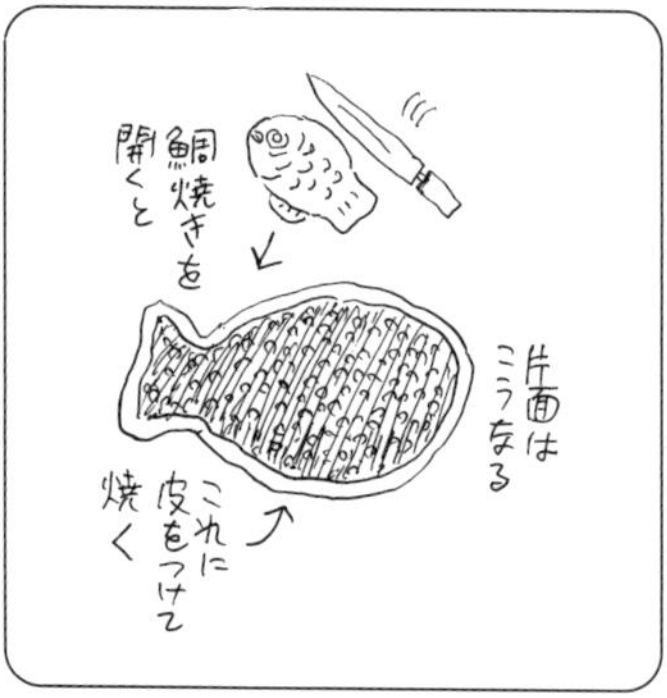
鯛焼きを開くと
片面はこうなる
これに皮をつけて焼く

人類みな兄弟。

人類魚類みな兄弟、そのぐらい大きな心になろうではありませんか。

さかなクンという人がいます。

さかなクンはさかなクン言葉をしゃべります。

「びっくりでギョざいます」

とか、

「おはようギョざいます」

とか。もちろんこのギョは魚のギョです。

つまり彼は魚になりきっている。

自分は魚だと思っている。

人間なのに魚。

へりくだっているわけではなく、むしろ魚を尊敬しているようにみえるところが彼のすばらしいところだ。

「人間ができている」というか、「魚ができている」というか。

ここで鯛焼きの開きを実際に食べてみることにします。

見た目はまるっきり煎餅。

かなりでかい煎餅。

直径20センチ、なにしろ鯛焼きをそのまま押しつぶしているので形は不定形。

かなりパリパリ、かなりバキバキ。

かつてはしっとりしていたアンコもいまはカチカチ。

押しつぶされはしたが、皮と皮の間で何とか頑張っています、というふうに皮と皮の間で頑張っている。

それにしても「アンコが間にはさまっている煎餅」はこれまでなかった。

結果として新発明になった。

この食感がなかなかいい。噛んでると途中から甘くなってくる煎餅。

しかし鯛焼き、しかし煎餅、しかし鯛焼き、この繰り返しがおいしい。

◉ハーゲンダッツとガリガリ君

「ガリガリ君とハーゲンダッツとどっちが好きか」

と聞かれたらあなたは何と答えるでしょうか。

むずかしい問題です。

好き嫌いの問題は特にむずかしい。

たとえばぼくが会社の課長でガリガリ君とハーゲン君が部下だったとします。

ぼくは会社勤めをしたことがないので詳しいことはわからないのだが、どうしたって好きなほうを何かにつけて可愛がることになり、嫌いなほうを何かにつけていじめることになると思う。

ガリガリ君はいじめづらいじゃないですか、あの風貌、あの明るさ、あの人柄。

ハーゲン君は何かといじめたくなるじゃないですか。

あのお高くとまった態度、あの取りすました衣裳、あのお値段。

会社だと「出《で》がいい」ということが高く評価されるらしいが、ハーゲン君は出がいい。

出身はアメリカ。ニューヨーク。

身なりから見ても、大学は相当いいとこを出ている雰囲気がある。

ガリガリ君のそのあたりのことはどうなっているか。出身は埼玉県。深谷市。身なりから見てもあんまりいい学校に行ってるようには見えない。

塾に行ってるようにも見えないし、多分、偏差値は相当低いように見える（外見だけからの判断ではあるが）。

ネーミングはどうか。

ガリガリ君は名前に親しみがある。

情報によると最初は「ガリガリ」でいこうとしたらしい。

そこに専務だか常務だかが「君」をつけたらどうか、と提案して「ガリガリ君」になったといわれている。

「ガリ」は「ガリ勉」という使い方があったせいか、そっちの印象が強かったが「ガリガリ君」の登場で急に意味が逆になった。

印象も明るくなった。

ガリガリ君の功績である。

ハーゲン君のほうはどうか。

最初に「ハーゲン」と静かに始まるので安心していると、急に「ダッツ」と濁音をかましてくる。

「ダッ」というのは人を驚かすときに使う言葉なので誰もがびっくりする。

読みようによっては、

「ハーゲンダッ!」

と聞こえるので怯えが走ってますます印象に残る。

ここで上司（課長）としてふと気がついたのだが、ガリガリ君の姓のほうはまだ聞いていない。

山田ガリガリとか、井上ガリガリとか。

そのうち聞いてみようと思っている。

二人の働きぶりはどうか。

つまり業務成績。

この評価がむずかしい。

上司としてほとほと困っている。

とりあえず二人が働いている現場を見に行く。

スーパーかコンビニ、ここが二人の職場である。

ガリガリ君もハーゲン君もここの冷凍庫の中で働いている。

コンビニの場合は、あれは何ていうのか、冷凍庫とは別の冷凍ボックスの中で二人は働いている。

ここでどうしても疑問がわく。

彼ら二人のあの状態は〝働いている〟といえるのか。冷凍ボックスの中で横になってジッとしているだけではないのか。

「働く」という文字の右半分は「動く」である。

働くには何らかの動きが伴うはずだとみんな思っている。

ま、この問題も今回は見逃すことにする。

消費者はこの二人をどのように扱っているか。
どういうふうに食べているか。
ガリガリ君のほうからいく。
ガリガリ君は齧って食べる。
まず衣裳をはがす。
衣裳が貧しい。
どう見ても安物である。

どう見ても「ユニクロ」か「しまむら」。
しかもそのバーゲン品。
それをはがす。
体格はいい。
他のアイスキャンデーのたぐいと比べても立派、胸板厚く堂々たる体軀。
ホレボレする、と言う子供たちも大勢いる。大人たちも大勢いる。
その体軀を齧る、厚みが快感。齧り甲斐がある。
大きなカタマリが口の中にポロリ。

これをガリガリ齧る。
〝大きな氷のカタマリを口の中でガリガリ齧る〟これがガリガリ君の真骨頂である。
豪快である、勇ましい、という表現もあながちまちがいではない。
その点、ハーゲン君はどうか。
ハーゲン君はホジって食べる。
スプーンでチマチマホジる。
この「ホジる」というのが何だかいじましい。
せせこましい。貧乏くさい。
どうしてもいじけた感じはまぬがれない。
世界に冠たる、世界に堂々のハーゲンダッツをいじけながら食べることになる。
これはハーゲンダッツの宿命ではなくアイスクリーム全体の宿命なのだ。
ガリガリ君の勇壮、豪快に対し、ハーゲン君のホジホジ、イジイジ。
大きなカタマリガリガリに対しハーゲン君はスプーンでチョビチョビ。
食べているときの姿勢はガリガリ君は元気はつらつ。
ハーゲン君はうつむいてしょぼしょぼ。
ガリガリ君の勝ち。

◉生の時代

「とうもろこしを生《なま》で食べる」

と聞いて、

「エ？　食べられるの？　生で？」

と聞き返す人は多いと思う。

食べられるんです、生で。

しかもおいしいんです、とうもろこしの生食《なまぐ》い。

とうもろこしといえば醬油をつけて焼いたあの匂い、夏の匂い、思い出すなあ、縁日の匂い。

なのに生で食う？

なんじゃ、それ、ということになるはずだが、いやー、うまいんだな、これが、とうもろこしの生齧り、びっくりするほどの甘さ、そしてジューシー、そして生独得の齧り心地。

ぼくが齧ったのは「ホワイトコーン」という品種。

これは生齧り用のとうもろこしで色がまっ白。

エ？　これがとうもろこし？と誰もがびっくりする白さ。

白くてムチムチ。

一本ずつセロファンで包装されていて「茨城県産・朝採り・ホワイトコーン」というラベルが貼ってある。

2～3年前あたりから、とうもろこしを生で食べるという風潮が広まってきて高級スーパーなどに並ぶようになった（1本300円ぐらい）。

皮つきなのでとりあえず皮を剝く。ヒゲも取る。

両端を両手で持って口のところへ持っていく。

そこでいったん動きが止まる。

どうもなんだか戸惑う。

いいのか、このまま齧って。

生だぞ。

火を通してないぞ。

という思い。

それと、どうもなんだか照れくさい。

気恥ずかしい。

とうもろこしを生で齧るなんて。

お猿さんだったら生のとうもろこしを放り投げられれば、ちゃんと皮を剝いて、ちゃんとヒゲも取って、そのまま生で齧ってもいいわけだが、仮にも人間だぞ、人間がお猿さんと同じようにとうもろこしを生で齧ったりしてもいいものなのか。

という戸惑いなのだと思う（たぶん）。

人間であれば当然の思いであるし、人間であればこそこうして生で食べようと思いつくことになるわけだからこれはこれでいいわけだし、という戸惑い。

一瞬戸惑ったのちガブリ。

齧りついたものの、このまま芯の壁面に歯をズリズリと沿わせていって粒をバラバラと削り落としていって食べてもいいものなのか。

またしても一瞬動きが止まる。

人間が長年かけて培ってきた習性はそう簡単には止められないものなのだなあ、と思いつつも、長年培ってきたズリズリがいったん始まると止まらなくなるという習性によってズリズリは止まらなくなってとうもろこしの粒は次から次へと口の中に落下していってどんどん溜まっていく(生で)。

口の中が生のとうもろこしの粒でいっぱいになる。
こうなると次の段階は噛みしめることになる。
噛みしめました。
とたんにほとばしるとうもろこしの果汁。
そうなんです、果汁なのです。
とうもろこしは穀類です。
穀類が果汁を出すはずがない。
なのにこうしてとうもろこしが果汁をほとばしらせている。
果汁としか言いようのない甘さ、匂い、そして量。
とうもろこしの生はこんなにもたくさんの汁を保持していたのか。

こんなにも独自の甘さを独自の方法で作っていたのか。

砂糖の甘さとはまるっきり違う甘さ。

植物が自然の力で作った甘さ。

とうもろこしが太陽と水と土と風の力を借り、そこに自分独自の考えを込めて作った甘さ、とでも言ったらよいか。

世の中にはこういう甘さもあったのか、という甘さ。

感動が大きかったので、つい話がくどくなってしまいました。

許してやってください。

兜虫は樹木にしがみついて樹液をチューチュー吸っているが、あのときの兜虫って何だかウットリしているように見えてうらやましい気がするが、あの樹液は多分、相当甘いんじゃないか、と思われる甘さ。

くどい？

とにもかくにも〝生の魅力〟に目覚めたのです。

まだ火の利用を知らなかったころの原始時代の人間は何でもかんでも生で食べていた。

草も実も生。

鳥や兎や蛙も生。

イカやタコも生。

当然鰯やサンマも生。

考えてみると、われわれ現代人が食べている刺身は全部生。

生で食べようと思うことが大切なのではないか。とうもろこしを生で？などと驚いている場合ではないのだ。

時あたかも電力逼迫の今日《こんにち》、生を見直す時代になっているのかもしれない。

刺身を常食とする日本人は食べ物の生志向が強い。

どんなものでも、とりあえず生で食べてみっか、と考える。

「生麦、生米、生卵」という諺《ことわざ》まで作って生に憧れる（諺とはちょっと違う？）。

そうそう生卵。

卵を生で食べるのは日本人だけ、という噂もある。

日本人を先達として、食べ物を生で食べる風習が世界中に広がっていく時代がきているのかもしれない。

いや、わたしは生はどうも、などと生はんかな気持ちを捨てて、生の牛肉で作るユッケをつまみに生ビールで、新しい時代の夜明けを祝して乾杯といこうではありませんか。

◉日本の包装文化

日本人は手先が器用だといわれている。

外国人がびっくりするのがデパートの店員の包装技術。

たとえばYシャツ。

Yシャツが入った四角い箱を包装紙の上に置く。

置く位置を慎重に決めたあとは一瀉千里《いっしゃせんり》、目にもとまらぬ素早さでピタピタと手順どおり折っていくといつのまにか包装紙の先っぽが三角になっていてそこにシールをピタッと貼って完了。

十秒もかからない。

外国人だったら一分経ってもまだ途中。

作業の途中で考えこんだり、やり直したり、折り目を間違えたり、そこんとこを折り直したりしてグチャグチャ。

包装に関する技術はおそらく世界一なのではないか。

子供のころからお箸を使っているのでそのせいだともいわれている。

食べ物だと餃子。

左の手の平に皮をペタリと置いた瞬間右手はボウルの中の具をつかんで小さくまとめていてそれを皮のまん中に置いた瞬間皮が折りたたまれと思った瞬間もう完成。

名人なら一個五秒。

よく見ればいつ折ったのかヒダが五カ所。

シュウマイも包装。

茶巾ずしも包装。

稲荷ずしも包装。

おでんの袋も包装。

最中も包装。

最近あんまり見かけなくなったが全域を海苔で巻い

たおにぎり。

まさに全域包装。

日本人は何でもかんでもきれいに包装したがる。

食べ物もきれいに包装して食べたがる。

茶巾ずしはその象徴かもしれない。

まさに〝包んだ〟食べ物。

包んだだけでは飽き足らず飾り立ててある。

酢めしを黄色い薄焼き卵で包装して首のところはいかにも巾着ふうに干ぴょうで結び、その結び目も蝶結びにしておいて、てっぺんに赤いエビを丸めてちょこんとのせる。

装飾品。

ここまで書いてきて、

「まてよ」

と思った。

ついさっき稲荷ずしも包装ものであると書いたばかりだが、果たしてあれは包装か?

なぜぼくがそう思ったかというと、稲荷ずしの中の酢めしと茶巾ずしの中の酢めしの待遇が違うような気がしたからだ。

茶巾ずしの中の酢めしは、さっきも書いたように、とても大切にされている。

その周辺を飾り立ててもらい、きれいな結び目もつけてもらい、てっぺんには赤いエビの冠をのせてもらっている。

ぼくは一度、結び目のスキマから中の様子をのぞいたことがあるが、彼はとても満足そうだった。

表情も明るかった。

ぼくはかつて、茶巾ずしのときと同じように稲荷ずしの中をのぞいて見たことがある。

そうしたら、彼の表情はとても暗かった。

そのときぼくは彼に同情したことを覚えている。

だって、環境が違いすぎる。

片や周辺を飾り立ててもらい、薄焼き卵なのでいくぶんか陽光も差し込むので中は比較的明るく小ざっぱりしている。

稲荷ずしはどうか。

環境がジメジメしている。

それだけでも暗い気分になりがちなのに周りがまっ暗。

なにしろ油揚げなので陽光は差し込まない。

ジメジメ、まっ暗。

彼は一生この環境から抜け出すことができないのだ。

これもぼくが稲荷ずしの中の様子をのぞいて見たときの印象なのだが「包まれている」というふうには見えなかった。

「追い込まれている」という印象だった。

誰かに油揚げの中に追い込まれたのだ。

油揚げがこの闖入《ちんにゅう》者をけっして歓迎してない様子も見てとれた。

そのことは彼も気にしているらしく、何となくコソコソしていじけている感じもあった。

われわれは稲荷ずしが持つ酢めしの悲劇を救うことができない。

われわれがジメジメ、まっ暗の環境を改善してやったとたん、稲荷ずしの美味は失われ、稲荷ずしの悲劇が始まることになるからである。

この文章をここまで書いていて、ここで急に論旨を裏切らなければならなくなった。

日本人は何でもかんでも食べ物を包んで食べたがる、という論旨でここまで話をすすめてきたのであるが、それはどうやらムリがあるということに、ここで急に気がついた。

おでんの袋。

あれは〝包んで〟あるのか。

包んである、というより、投げ込んである、という表現のほうがより適切ではないのか。

おでんの袋をつくるとき、われわれは油揚げの口を拡げ、そこにシラタキやキャベツやニンジンを次々に投入している。

包む、という行為ではない。

どう見ても投入である。

最中も包装である、と書いたが、よく考えてみると、最中は下側の皮の中にアンコを入れ、その上からもうひとつの皮をのせてできあがる。

包む、ではなく、かぶせ。

日本人は器用である、というところからこの文章は始まった。

自讃の気味もあった。得意の気配もあった。

器用には器用貧乏という言葉がある。

小賢しく立ち回る、という意味もある。

反省。

◉フリカケを笑う者はフリカケに泣く

一汁一菜でよい、という本が売れているらしい。

ゴハンと味噌汁だけ、味噌汁の具を豊富にすればおかずも要らない、ということらしいが、栄養的にはそれでいいかもしれないが風景的に寂しいのではないか。

テーブルの上にゴハンの入った茶わんと味噌汁のおわんだけ。

その二つが寂しく湯気を上げている。

くどいようだが塩ジャケの皿なし。

納豆の小鉢なし。

くどいようだがタクアンの小皿なし。

なーんか欲しい。

禁じられているわけではないのだが、こっそり炊飯器の陰に隠してテーブルの上に何か登場させたい。

なーんかないか。

突如として妙案。

ふりかけというのはどうか。

永谷園とか丸美屋のふりかけ。

「ふりかけならいいよ」

と土井さんも、あっさり言ってくれそうな気がする。

なぜそう思うかというと、ふりかけなら〝一汁一菜〟に大した影響がない、理論体系に変化を及ぼさない。

要するにふりかけの力を軽視していることになるわけなのだが、果たしてふりかけは大したことない奴なのか。

ふりかけに対する世間の

評価は確かに低い。

ふりかけは子供が喜ぶものとされている。

事実、パッケージに漫画をあしらったものも多い。

わざわざ「おとなのふりかけ」と銘うった商品もある。

これなどは〝大人の世界に割り込んだ感〟があって、大人は多少赤面しながらふりかけたりしている。

商品としては「赤面もの」として分類する人もいる（いないか）。

広辞苑には、

【飯の上にふりかけてたべる食品。魚粉・海苔（のり）・塩などをまぜ合わせたもの】

とあり、なんかこう、ふりかけを小馬鹿にしたような記述になっている。

特に「魚粉」に底意を感じる。

魚粉などと、まるで鶏の餌扱い。

わたくしはここで日本国民に警告する。

「ふりかけを馬鹿にするでない」

日本国民はふりかけの実力を知らなすぎる。

わたくしはこれからふりかけの実力をひとつひとつ実証していくつもりである。

いまテーブルの上に茶わんに入った白いゴハンが湯気を上げています。

その上から丸美屋の「のりたま」をふりかけます。
シャカ、シャカ。
白いゴハンの表面がたちまちのりたま色。
この瞬間、このゴハンは他のおかずをいっさい受けつけなくなる。
納豆を受けつけなくなる。

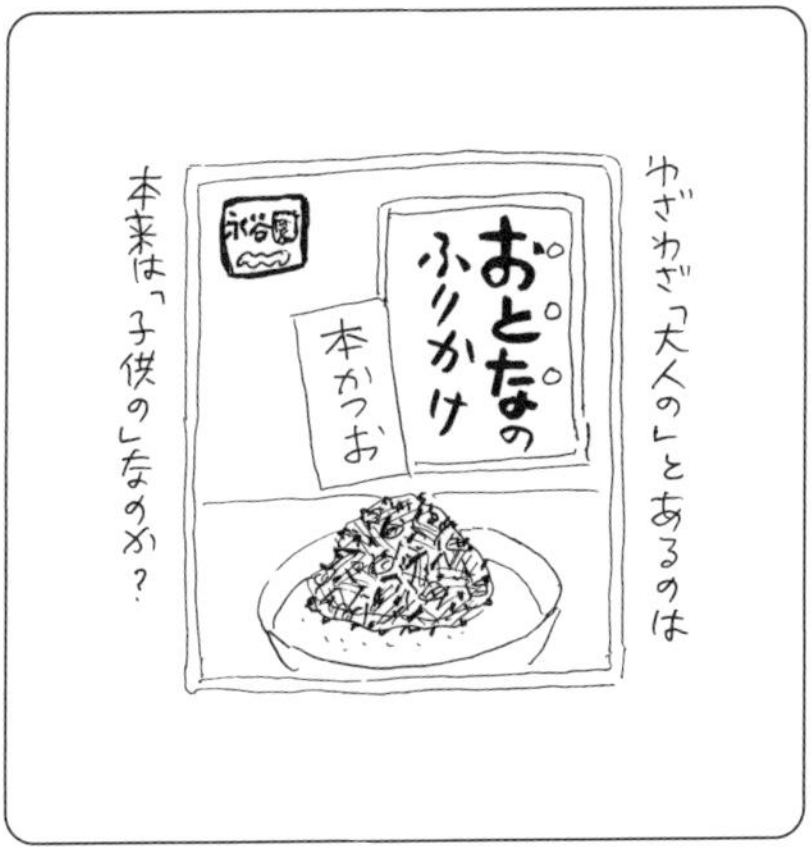
わざわざ「大人の」とあるのは
本来は「子供の」なのか？
永谷園
おとなのふりかけ
本かつお

想像してみてください。
ゴハンの上にふりかけがかかっていてその上に納豆がのっかった惨状を。
ふりかけがかかったゴハンの上に賓客マグロの大トロをのせて食べる窮状を。
ひとたびふりかけふりかかりなば、これに抵抗する手段なし。
天下無敵。
納豆、ふりかけの軍門に下《くだ》る。
マグロの大トロ、ふりかけの傘下となる。
おかずというおかずがふりかけの配下となる。
ここで領土という概念を導入してみましょう。

ふりかけのふりかかった白いゴハンは、もはや何者も干渉することができない。侵略されることがない。

白いゴハンはふりかけに占拠されたことになる。

すなわち白いゴハンはふりかけの領土。

ふりかけは白いゴハンの領主。

ふりかけはアッというまに出世の道を駆け登ったことになる。

かつて、魚粉などと言って自分を小馬鹿にした広辞苑は、いまや戦々兢々である、という噂もある一方、

「ふりかけはあくまでゴハンに降《ふ》りかかっているものであって、領土は依然としてゴハンそのものである」

という議論も当然起こってくる。

一理ある。

つまりゴハンの地位は磐石《ばんじゃく》である、という理論。

この理論もふりかけ側は簡単に突破する。

ゴハンには銘柄米一派がいる。

コシヒカリ、ササニシキ一派。

この一派はその威光をほしいままにひけらかしている。

ひとめぼれとかあきたこまちとかゆめぴりかとか言わせておけば言いたい放題。

銘柄米はどのように美味しいのか。

「噛むほどに深い味わい」とか、「もっちりしていてねっちり」とか、「お米本来の味」など様々に評価されているのだがその実体はよくわからない。

そのなかのひとつ「あきたこまち」姫を上手に炊いたゴハンがいまここに茶わんに盛られて湯気を上げている。

いかにもふっくら、もっちり、粒が立っていてツヤツヤ、炊きたてのゴハン特有のいい匂い。

ここに丸美屋ののりたまをバサバサふりかける。

思いきって一袋、全部、ドサドサ。

あきたこまちはどうなる。

もっちり、ツヤツヤ、炊きたてのいい匂いはどうなる？

誰が見たって銘柄米一同はたちまちふりかけの味に圧倒されて、ただの「ふりかけをふりかけたゴハンの味」と化す。

「一汁一菜」の「汁」も「菜」も要らなくなって「一ふりかけ」になり「これはこれで楽しい一食」になるような気がしないでもない。

◉鰻の力

鰻重にはオーラがある。

ということを鰻重を食べるたびに思う。

鰻重の蓋を取ったとたん、

(こいつは只者じゃないナ)

と思う。

たちまち立ちのぼる香ばしい匂い。

この匂いがすでに只者じゃない。

日本人でこの匂いに陶然としない人はいない。

その匂いの主として泰然とたたずむ褐色の王者。

堂々たるその体軀。

特に特上の鰻重の鰻の体軀には人をホレボレさせるものがある。

厚い胸板、盛り上がる筋肉、ボディビルの人はオイルを全身に塗ったりするが、鰻はタレを全身に塗って照りの効果を高めている。

蓋を開けたとたん
ひとしきり
蓋踊りを踊る
おじいさんも
いる？
アッ！ジャ

その濃淡、そこに連なる焦げ目の点々。

切り裂かれた体に残る横一列の小骨の跡。

一匹の魚を切り開いて、こうまでその部分を誇らしげに見せつける魚が他にあるだろうか。

王者の貫禄。

勝者の威容。

鰻重を食べようとする人は、まずこの威光にやられる。

鰻重を頼んで鰻重が到着して鰻重の蓋を取った瞬間、大抵の日本人が蓋を手にしたまましばし瞑目するのはこのせいだと言われている。

与謝蕪村の句に、

夏河を越すうれしさよ
手に草履

というのがある。

鰻重を食う嬉しさよ
手に鰻重の蓋

という句はないが、もしあれば人々の感動を呼ぶはず。

蓋を取ったらまず全容を眺める。

重箱の全域が鰻の蒲焼き。

鰻の蒲焼きならざる所なし。

隙間許すまじの精神で臨んでいる、こうでなくちゃ。

しっぽのところを少し折りたたんで無理やり押し込みましたという感じがあるとなお嬉しい。

最初の箸をどこに差し込むか。

人によっていろいろだと思うがぼくの場合は重箱の左側の下の部分からスタートする。

箸の先でサクサクと直線で刻んでいき、直角に折れ曲がって一口分の直方体をつくる。

箸でサクサクと切り進んでいくとき、線が曲線にならないように気をつける。

別にきっちりの直方体でなくともいいはずなのに、なぜそのことにこだわるかというと、やっぱり鰻重の威光にやられているせいだと思わざるをえない。だらしないのはいけない、不敬である、そういう思いがそこにあると思わざるをえない。

最初の一口分を切り取ったあと、どっちの方向に進んでいくか。

上方に直進か、横に向かうか。

蒲焼き一口分の直方体の真実
タレが濃くしみこんだ地帯
次第にタレが薄くなっていく地帯

これまた人によっていろいろだが、次はいきなりどまん中を攻める、という人はいない。

蓋を開けたとたん、箸で全域を掻きまわしてぐちゃぐちゃにしてから食べ始める、という人がいてもいいような気がするが、そういうことをする人をこれまで見かけたことがない。

韓国の人は何でも掻きまわしてぐちゃぐちゃにして食べるので、日本人でもそういう食べ方をする人がいても不思議ではないのだがなぜだろう。

案外おいしいかもしれないではないか。

一度やってみたいと思っているのだが、いざ現物を目の前にするとたじろぐ。

ぐじゃぐじゃのための最初のひと箸に相当な勇気が必要になる。

一口分を切り取って食べるとそこに一口分の空き地ができる。

二口分食べると二口分の空き地ができ、次第に空き地は大きく拡がっていく。

空き地というものはとかく放置されがちで少しずつ荒れ果てていく。

重箱の底にゴハン粒や鰻のかけらなどが取り残される。

ゴミではないがゴミ的存在であることも確か。

鰻重を食べる人は、このゴミをせっせと処理しつつ食べる傾向が強い。

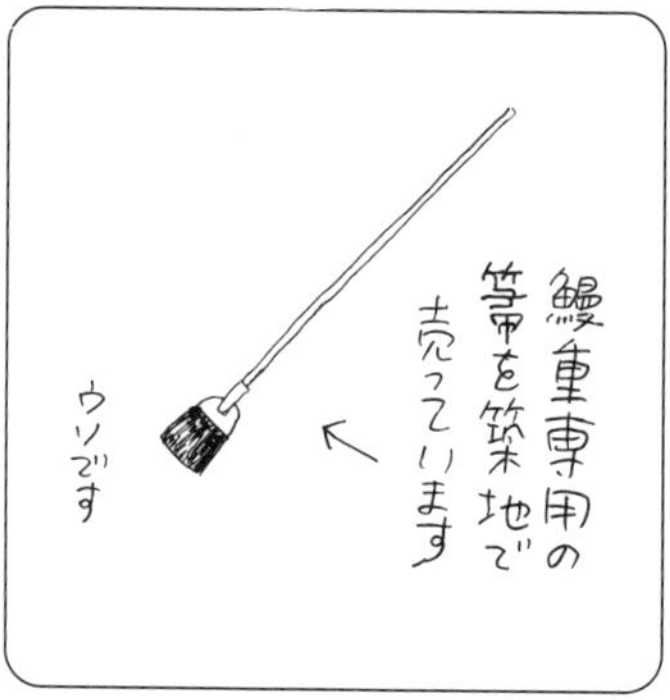
鰻重専用の
箒を築地で
売っています
ウソです

五口食べると五口分の空き地ができ、五口分のゴミが出る。

そうすると、その五口分の空き地の五口分のゴミをきちんと清掃してから次の一口に取りかかる人が多い。

全部食べ終わってから清掃すればいいのに、とぼくは思うのだが、その都度の人のほうが圧倒的に多い。

重箱の底部は常に不浄であってはならない、という考え方なのであろうか。

話は飛ぶが皇居勤労奉仕団という団体がある。

皇居周辺の清掃や除草のボランティア活動を行う。

皇室を崇敬するがゆえの行動である。

鰻重を食べる人も、鰻重を尊敬し崇敬するがゆえにあのような行動に出ている、という考え方はどうか。

少しでも不敬があってはならぬ、瞬時といえども不潔は許されぬ、その思いが、たとえ五口分の鰻重の空き地であってもその清掃に励むという行動に駆りたてているのではないか。

食べているあいだ、ずっと、一口分の直方体の作製に勤《いそ》しみ、その直方体の咀嚼に勤しみ、咀嚼のあとの清浄に勤しみ、鰻重というものはかくも人々の熱情を誘い、かくも勤労を促し、かくも夢中にさせるものなのである。

このときのこの人の行動を一言で表現するのならば、

「せっせせっせ」

今度、鰻重を食べている人を見る機会があったらじっくり観察してみてください。

まさに「せっせせっせ」だな、と思うはず。

◉ソーメンは流してもいいのか

食べ物は元気の源泉である。

食べると元気が出る。

血のしたたる分厚いステーキを食べると元気モリモリになる。

うどんなんてものでも、あれでなかなか元気関係に寄与している。

え？　うどんが？　あのうどんが？　うどんで元気？と思う人も多いと思うが、力うどん。

名前が元気を保証している。

うどんに餅を入れただけなのだが、食べると何だか力が湧いてきて急に元気になったような気がする。

一方、食べても元気にならない食べ物もある。

ソーメン。

ソーメンを食べたら急に元気モリモリになった、という話はあんまり聞いたことがない。

逆に、この夏、食欲がなくてソーメンばかり食べていたら痩せ細ってフラフラになった、とい

う話はよく聞く。

うどんは元気系。

ソーメンはヒョロヒョロ系。

うどんは名前からして力強い感じがする。

「う」と言っておいて「どん」と来る。

「う」の後はどう考えても「どん」しかない。「どんぴしゃ」。

何しろ「どん」は印象が強い。

力強さもある。

そうか、「どん」と来たか、そういうことであれば、よーし「どん」と来い、ということになって胸をたたき、胸をたたけば誰だって急に勇壮な気分になって急に元気になる。

啜る音だって、うどんはズルズル。

ソーメンはスルスル。

重厚じゃないですか、ズルズルは。

軽薄じゃないですか、スルスルは。

ズルズルというのは重い物を引きずるときに出る音。

ピラミッド建設のときの巨石を引きずったときの音もたぶんズルズルだったはず。

それに比べてスルスルはどうか。

「そのとき障子が音もなくスルスルと開いた」

ということになり滑りがよすぎる。つまんない。

ここまで書いてきて、ふと気がついたのだが、この文章、うどんの味方ばっかりしていてソーメンには辛《つら》く当たってばっかり、という印象になっているような気がするのだが、事実は事実として報道しなければならないので、辛い立場にあることをご理解ねがっておく。

ソーメンは食べ物としてそんなにいけない奴なのか。

そんなことはない。

ちゃんと人類に貢献している。

うどんは確かに実直な食べ物として人類に貢献している。

芸術は実直からは生まれない。

うどんから芸術は生まれない。

というか、うどんは真面目すぎるので芸術に向いていない。

にぶくてとろくてどんくさい。

その点、ソーメンはどうか。

「すべての芸術はエンターテイメントである」

という説がある。

ぼくもそう思う。

ピカソもベートーベンもシェークスピアも川端康成も、その作品はエンターテイメントである。

人生の楽しみ、気晴らし、気分転換、遊び心、息抜き……。

ソーメンはこれに該当する。

ソーメンは単なる食料ではないのだ。

エンターテイメントも兼業しているのだ。

流しソーメン。

どうです、堂々たるエンターテイメントじゃないですか。

ソーメンを流水に放つ。

ここからすでにして普通の考えではない。

流れる水にソーメンを放てば当然のことながらソーメンは流れてゆく。

その流れてゆくソーメンを追いかけて捕まえる。

捕まえて食べる。

落ちついて考えてみましょう。

こんなことをする必要はまったくないのです。

いつものとおり、大きな丼に水を張り、氷を入れ、そこにソーメンを入れ、それを箸ですくってスルスル啜ればそれで済むのに、わざわざ流水に放ち、それを追いかける。

追いかけてようやくすくい上げるスリル。

人生の楽しみ、気晴らし、気分転換、遊び心、息抜き……。

楽しいではないか。

馬鹿らしいといえば馬鹿らしいけど。

ソーメンだからこそこういう遊びを考える。

考え出して楽しむ。

うどんだったらこういうことを考えない。

うどんを流して遊ぶ「うどん流し」。

多分、面白くもなんともないと思う。

上流からうどんが次々に流れてきても誰もすくい上げようと思わない。

うどんは空《むな》しく次々に流れていって次々に最終段階のポリバケツに落ちていってどんどん溜まっていく。

こう考えると「流しソーメン」はソーメンだからこそ成り立つ。

うどんでは成り立たない。

ということはソーメンにはそういう遊び心を誘発する資質がある、ということになる。

その資質こそソーメンの本質ということになる。

ソーメンの本質とはどういうものか。

ソーメンには本質があるのか。

ここで豚骨ラーメンを考えてみましょう。

豚骨ラーメン対ソーメン。

脂ギトギト対清涼淡白。

「豚骨ラーメン流し」というのはありうるのか。

豚骨ラーメンを流して食べて楽しいか。

ソーメンは流してこそ。

◉ぶどうパンの正しい食べ方

ぶどうパンは厄介な食べ物である。

素直に食べることができない。

つい余計なことを考えてしまう。

ふつうの食パンの場合は、バターをつけるにしろ、ジャムで食べるにしろ、端《はじ》のところから何も考えずに食べ始める。

ぶどうパンはそうはいかない。

ぶどうパンはパンのところどころに干しぶどうが点在している。

この点在が厄介。

どうしても気になる。

どういうふうに気になるか。

まずその分布状況。

ある部分は重なり合うように密集しているが、ある部分は過疎、超過疎、絶滅地帯さえある。

ここのところで誰もがその対策を迫られる。

せっかくのぶどうパンなのに、ぶどうなしの部分のパンを食べてどーする？

その部分は〝ぶどうパン〟ではなく、ただの〝食パン〟なのだ。

そこで一口ごとに〝一口分のパンの干しぶどうの含有率〟を考えながら食べることになる。

そうするとどうなるか。

密集地帯と過疎地帯が遠く離れている場合がある。

一口分として両者を連結しなければならなくなるので地形がかなり複雑になる。

そのためにパンを持ち直

したり、あるいは首のほうをねじ曲げたりしつつ食べることになる。

まさに厄介。

その対策を立てるためにぶどうパンを食べる人はまずその全域を見渡すことになる。

おおよそのぶどうパンのぶどうの含有率は予想より少ない。

全域を見渡した人は必ずがっかりして悲嘆に暮れる。

悲嘆し慨嘆しそれはそののち悲憤に変わり悲憤はやがて憤慨に至る。

憤慨の鉾先はもちろんメーカーである。

ふんとにもー、けしからん、裏はどーなっとるんだッと裏返しにしてみるとそこには干しぶどうが全域にびっしり。

密集して折り重なっている部分さえある。

ここのところで顔をほころばせない人はいないといわれている。

これが世に名高い〝ぶどうパン裏側の喜び〟である。

良心的なメーカーなんだよね、このメーカーは。

と、ここまでは話は順調にきたのだが、まてよ、そもそもパンに裏表はあるのか。

ということになるのだが、なーに心配ご無用、最初に見たほうが常に表で引っくり返して見たのが裏、したがってどっち側から見ても話は最初に大喜びしてそのあと悲嘆に暮れるか、その逆、という順序になるだけ。

それにしても「パンと干しぶどう」の組み合わせは誰が考えついたのか。
パンとジャム、これはわかる。
いかにもぴったり。
パンとバター、これも絶妙。
パンと干しぶどう、これはどう考えても唐突。

サンドイッチ状にパンとパンの間に何かをはさんで食べるというのはいっぱいある。
ハムもはさむしカツもはさむし野菜も果物もはさむ。
だがパン生地そのものの中に何かを混ぜこむパンは少ない。
しかも干しぶどう。
しなびているし、しわくちゃだし、色も冴えないし、ヨレヨレだし、どう見ても、
「みじめったらしい」
という印象を拭えない。
見れば見るほど〝悲運の総合商社〟。
この組み合わせは食べれば確かにおいしいのだが、ど

う考えてもこのコンビは唐突の感を免れない。

だが誰かが考え出したのは事実である。

誰が考えついたのか。

誰が考えてパン業界に推薦したのか。

電通の元幹部がその間を取り持ったのではないかという噂があるがその真偽は定かでない。

いまとなってはそのあたりの事実関係の解明は無理なので諦めるとして、例の、「ぶどうパンの厄介問題（干しぶどうの過疎過密問題）」は何とかならないものなのか。

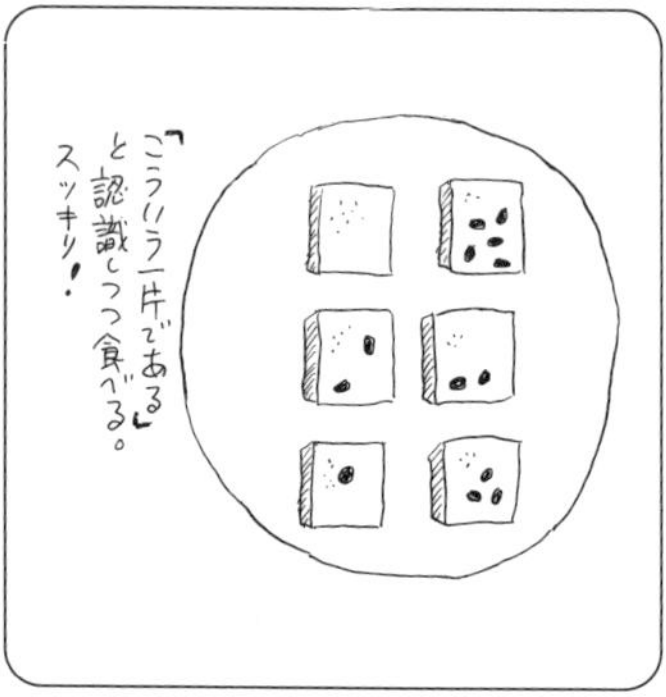

「こういう一片である」
と認識しつつ食べる。
スッキリ！

何とか解決の道はないのか。

と思って考えてみました。

その結果、解決は無理にしてもその糸口になるのではないか、という程度の方策を見つけることができたのでここにご報告致します。

まず一枚のぶどうパンを用意してください。

これを包丁ないし調理ばさみなどでタテに一回ヨコに二回切断します。

合計六個、ちょうど一口サンド用の大きさのパンができました。

その一片一片をよく見てみましょう。

干しぶどうがびっしりの一片。

そうでもない一片。

ゼロの一片もあります。

その六片を皿に盛る。

皿に盛られたその一片一片の干しぶどうをよく観察し、それぞれの干しぶどうの含有率を把握し、頭に入れつつ一つ一つ選びながら食べてゆく。

これがぼくが考えた〝ぶどうパンの正しい食べ方〟です。

何だい、そりゃ。

いつもの食べ方と変わらないじゃないか。

いいえ、ちがいます。

覚悟がちがいます。

いつもの食べ方は境界が常にはっきりしません。

常に曖昧です。

その曖昧で心の中がすっきりしません。

この新しい食べ方は一口ごとに心の中がすっきり、きっぱり。

◉羽根つき餃子の羽根の立場

羽根つき餃子というものがあります。

あー、あれね、餃子と餃子の間に張りついている膜みたいなもの。

トンボの羽根みたいで、ところどころ透けて見えるやつ。

餃子を焼くときついでに出来ちゃうもので、無くてもいいのだが出来ちゃったものは仕方がない、認めるよりほかないだろう、という意味で、出来ちゃった婚と同じ存在と言える（言えないか）。

あれがどうしたのか。

まさか、あんなものをテーマにして何か書くつもりじゃないだろうな、ということになるのだが、書いちゃいます。

ま、あれは確かに〝あんなもの〟です。

餃子本体はしばしばエッセイのテーマとして取り上げられるが、あの膜はめったに取り上げられない。

羽根などと奇麗事を言っているが、あれは膜です、焼くついでに出来ちゃった膜。

ついでに出来ちゃったのみならず、本体から押し出されてはみ出しちゃったところを、これまた不幸に見舞われて焦がされてしまう。

お焦げは料理の世界ではどちらかというと失敗系の行為で、未必の故意によって出来ることが多い。

意図したわけではないが、その蓋然性を認識しつつも結果としてそうなってしまうこともやむなしの心理状態によってお焦げは発生する。

自らを誇るようなものは何ひとつない。

はずなのに誇っている一派が堂々と存在している。

ネットには、

「羽根つき餃子名店10店」

とか、

「羽根つき餃子人気店20傑」

とか、

「羽根つき餃子有名店30店」

などの記事がどんどん出ている。

知らなかった、世の中にはあの羽根ファンが大勢いたのだ。

餃子の羽根は大人気なのだった。

大隆盛だった。

この文章の最初のほうで、

「まさか、あんなもので何か書くつもりじゃないだろうな」

などと言ってた人がいたようだが、あやまれ、反省しろ。

餃子の羽根は食べてみるとすぐわかるが、パリパリしていて、カリカリしていて、嚙むととたんに羽根の中に含まれていた餃子の肉汁がジワッと滲み出てくる。

餃子の肉汁煎餅。

たかが餃子の膜、と侮《あなど》っていた分よけいおいしい。

こうなってくると、

「餃子の羽根だけ食べたい」

という人も出てくる。

餃子の羽根はパリパリしていて餃子の味がするし、けっこう味も濃いので酒のつまみにぴったり。

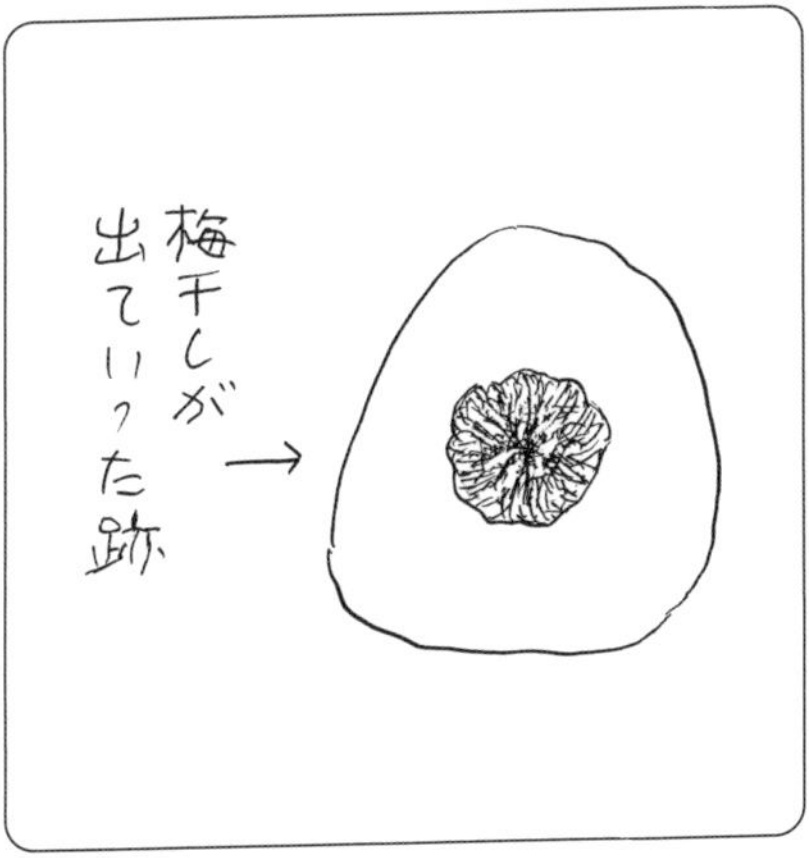

そうなってくると、餃子の羽根を餃子から独立させて一品料理にしようという動きが出てくる。

この動きには前例がある。

天かすというものがあります。

関西で天かす、関東で揚げ玉。

これまた、どちらかというと未必の故意型の産物。

海老の天ぷらを揚げるとき、意図したわけではないが、海老にまとわせたコロモが本体から剝《は》がれ落ちる蓋然性は否定できない。

剝がれ落ちたコロモはもはやコロモではなく天かすというものになる。

天ぷら油に突入する寸前までは海老天のコロモ、剝がれたとたん天かす（滓）、運命とはいえあまりの非情、だがここから天かすは立ち直る。

たぬきうどんのたぬきとして再出発する。

いまやたぬきうどんの堂々たる主役。

主役以外の何者でもない存在。

餃子の羽根にもその道は開かれている。

餃子の羽根の商品化。

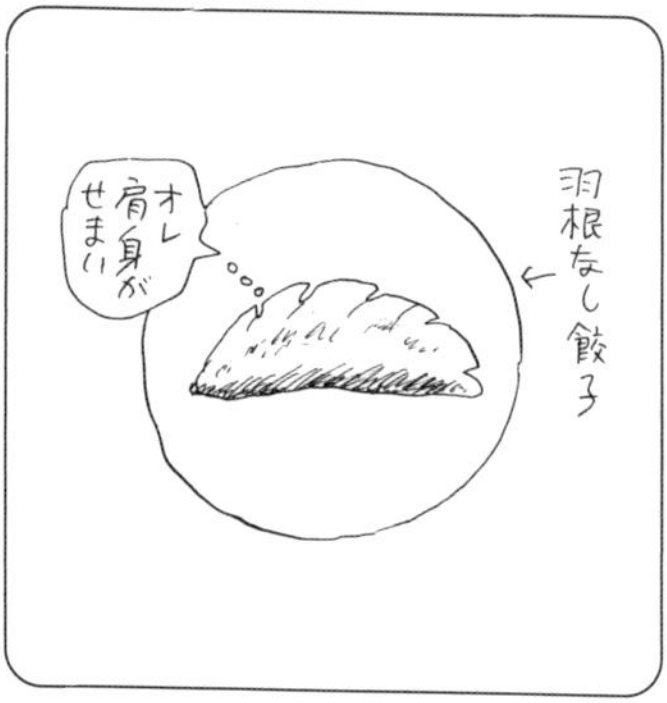

いま、ぼくの頭の中にあるのはポテトチップである。

あの「パリパリ」「カリカリ」はポテトチップに通じるものがある。

何とかなるのではないか。

ポテトチップには生のじゃがいもを薄く切って揚げた「生もの」と粉末化して板状に成型した「成型もの」とがある。

その「成型もの」でいく。

ポテトチップには「のりしお味」「コンソメ味」「バター醤油味」などいろいろあるが、当然のことながら「餃子味」。

ネーミングもカタカナにして「ギョーザチップ・餃子味」。

ポテトチップは略して「ポテチ」と呼ばれるので餃子チップは「ギョザチ」と呼ばれるようになる。

ソファに寝ころんでテレビを見ながらポテチを食べる人を「カウチポテト族」と称する。同様に餃子チップを食べながらだらだら過ごす人は「カウチギョザチ族」と呼ぶようになるが、言いづらいのですぐにすたれて誰も言わなくなる。

ここまでは本体から独立して離脱した側の立場でこの文章を書いてきた。

離脱された側については何の顧慮もしてこなかった。

離脱された側はどういう心境になるのだろうか。

一種ののれん分けみたいなことになるわけだが、それまで一緒にやってきたわけだからそれぞれの思いは複雑だと思う。

たとえば梅干しおにぎりの梅干しが独立したいと言ってくる。

そうして梅干しが出ていく。

取り残されたおにぎり。

ポッカリ開いた梅干しの穴。

悲嘆にくれるおにぎり。

これまでお互いにうまくやってきただけにその空白は大きい。

筆者としては、梅干しが独立したいと言ってこないことを祈るばかりである。

◉天丼の海老天は何本が適正か

とりあえず天丼を頭に思い浮かべてください。

思い浮かべましたね。

どんな天丼ですか。

まず丼があって、ゴハンが盛ってあって、その上に海老の天ぷらが二本、こう、ナナメに立てかけてあって、その麓のところにイカ、インゲン、カボチャなどの天ぷらが大人しく控えているってところかな。

その天丼、もしかしたら（並）じゃないの？

どうしてそんなところでケチるんですか。

（上）にしなさい、（上）に。

せっかくなんだから（上）にして海老天は三本。

なんだったら四本。

なんだったら五本でもいい。

ちょっと想像してみてください、海老天が列をなして五本並んでいる天丼を！

スーパーデ買ッテ作ッタエビ天丼トテモオイシー
サトウのごはん
と
195円

その壮観を!
実をいうとこの天丼、ぼくの長年の夢なのです。
一度食べてみたい、海老天が五本並んでいる天丼を!
あー、頭に思い浮かべただけでゾクゾクする。
もし、この天丼を実際に食べるとこういうことになります。
いつものように、まず一本目を大切に大切に食べます。
いつもだったら丼の上にはあと一本。
なのに、大切に大切に一

本目を食べ終わって、ふと丼の上を見るとあと四本もある。

このときのヨロコビ、ウレシサ、満足、そして心の余裕。

あー、思っただけで顔がほころんでくる。

さっき、あなたが頭に思い浮かべた海老天は確か二本でしたよね、貧しーなー、みすぼらしーなー。


人には誰にでも自分史があるように天丼史があります。

自分はこれまで天丼をどのように食べてきたか。

ぼくの場合の天丼史はこうなります。

「てんや」に行く。

いつものように上天丼を注文する。

「てんや」では天丼の（上）のことを「上天丼」と名づけています。

上天丼の内容は、海老天が二本、そしてカボチャとレンコンとインゲン（650円）。

上天丼が湯気を上げながら到着する。

箸を割る。

何からいくか。

いきなり海老天からいく……なんてことはしません。

ぜーったいしません。死んでもしません。

いきなり海老からいくなんて人が世の中にいるのでしょうか。

まず麓から。

インゲン一本でゴハンを一口。

二口目はカボチャでゴハン。

三口目でようやく海老天だナ、常識的にもそういうことになるし、と思いつつ、デワデワと箸の先を海老天に近づけていくのだが、なぜか箸の先はレンコンに向かい、結局レンコンになってしまう。

海老天至上主義、海老天礼讃思想。

だが、よく考えてみてください。

世の中広しといえども、さすがに海老天を一挙に五本のせて提供する店はない。

いろいろ調べてみたが、無い。

こうなると自作しかない。

やってやろうじゃないの。

スーパーの惣菜売場で海老の天ぷらを買ってくる。

一本135円のと195円のがあったが、ケチることなく195円のほう。

巨大海老天を
噛みきると
こういう音が
しますの
ブキリ

１９５円のほうはさすがに巨体、太く、長く、ずっしり重い。

この巨体が一挙五本ものった天丼、その巨体がいっせいに湯気を上げている天丼、思っただけで全身がゾワゾワする。

もしかしたら、これって、王侯貴族やアラブの石油王がする贅沢と同類のものなのではないか。

そんな気がする。

ゴハンはレンジで二分のサトウのごはん（１２８円）。

丼にゴハンを盛る。

海老天五本を天つゆで軽く煮てゴハンの上に並べる。

並べる、といっても何しろ巨体、丼の直径はわずか15センチ、押し合いへし合い、さながら相撲取りを五人三畳ひと間《ま》に押しこんだごとし。

夢の海老天五本のせ天丼がテーブルの上で盛んに湯気を上げている。

食べなん、いざ、夢の天丼、いままさに食われんとす。

それにしてもこの偉容というか異容というか、巨体の海老天が丼の上で折り重なっている風景はふつうではない。

でも豪勢といえば豪勢。

贅沢といえば贅沢。

王侯貴族やアラブの石油王といえども食べたことがないのではないか。

もっとも、王侯貴族やアラブの石油王が、スーパーで買った海老天の天丼を食べるかどうかはまた別の話であるが……。

では、デワデワ。

いきなり海老天からいく。

丼の上にあるのは海老天だけなので海老天からいくしかない。

心置きなく海老天一本を食べ切る。

二本目も後顧の憂いなく食べ終える。

ここで正直に告白しますが、天丼のおいしさは、実は後顧の憂いによるものであった。

二本しかないので、大切に、大切に食べるからこそおいしい。

まだまだあと何本でもあるぞ、と思ったとたんおいしさが半減する。

四本目にとりかかったときなんか、箸で邪険につついたりしていじめていました。

五本目のときは、わざと衣を剝がしてじっと見つめ、海老天を裸にするとこういうことになるんだナ、なんて思ったりしました。

やっぱり海老天は二本が正解。

◉チクワの穴も穴である

常日頃、人は穴をどう思っているのだろう。
ぼくが思うに、穴に好感を持っている人は少ないような気がする。
たとえば洞窟。
のぞきこむ。
暗くて奥がよく見えない。
不安をおぼえる。
立ち去る。
たまたま穴に出会《でくわ》した人はこういう行動に出るのではないか。
少なくとも好感は持っていない。
穴は避ける。
穴という字そのものの印象もよくない。
帳簿に穴を開ける。
落とし穴に落ちる。

墓穴を掘る。
同じ穴の貉《むじな》。
暗い話ばっかり。
棚からぼた餅。
とか、
笑う門には福来たる。
など、目出たい系の格言はいっぱいあるのに、穴で目出たい系の格言はひとつもない。
不幸系の格言ばっかり。
穴は不幸の始まりなのか。
と思いはじめたあなたに突然の朗報です。
チクワの穴。
ま、朗報とまではいえないかもしれないが、少なくともチクワの穴には暗いイメージはない。

かといって明るいイメージでもない。

人々は（日本人は）チクワの穴をどう思っているのだろうか。

ぼくが思うに、日本人はチクワの穴に特別の感慨を持っていない。

チクワの穴を見て、

「おっ、穴が開いてるぞ」

と思う人はいないのではないか。

あまりにも当然のことなので、チクワの穴を見てもそれが穴だと気がつかない人さえいる（いないか）。

じゃあ何だと思っているのか、と訊かれると困るが、

「世の中とはえてしてこうしたものである」

という認識の人が多いのではないか。

さっき（日本人は）とわざわざカッコをつけたのは、外国人はチクワに馴染みがないからである。

チクワを初めて見る人にとってチクワの穴は印象的であるはず。

そうなのだ、チクワの穴は初めて見る人にはデザインとして映る。

もしチクワに穴がなかったら。

ある日、おでん屋でチクワを注文していざ食べようとしたらそこに穴が開いてなかったら。

穴がふさがっていてのっぺりしていたら。

動揺すると思う。

落ちついてはいられないと思う。

ところが穴のないチクワは実在する。

堂々と、大手を振って実在している。

しかもそのことに日本人の誰一人として驚かない。

なぜならば、そんなことは日常茶飯事であるからだ。

ぼくなんか穴のないチクワにしょっちゅうお目にかかっている。

立ち食いそば屋の「チクワ天そば」である。

チクワ天そばは立ち食いそば屋の大人気商品であるが、知らない人もいると思うので一応説明しておくと、「焼きチクワ丸ごと一本をタテに切って油で揚げたもの」である。

おいしいし、量があるし、食いちぎるとき首を振ったりするのが楽しいし、ぼくもこれの大ファン。

日本人はこれまでチクワは輪切りにして食べてきた。
必ず輪切り。
チクワは輪切りにしてこそまん中の穴が目立つ。
もともと長い筒のまん中に穴は開いているのだが、長いままだと穴は外から見えない。
輪切りにしたとたん、穴の存在がくっきり浮かびあがる。
デザイン的にも秀逸、ということになる。
くどいようだが、それもこれも輪切りにしてこそ、である。

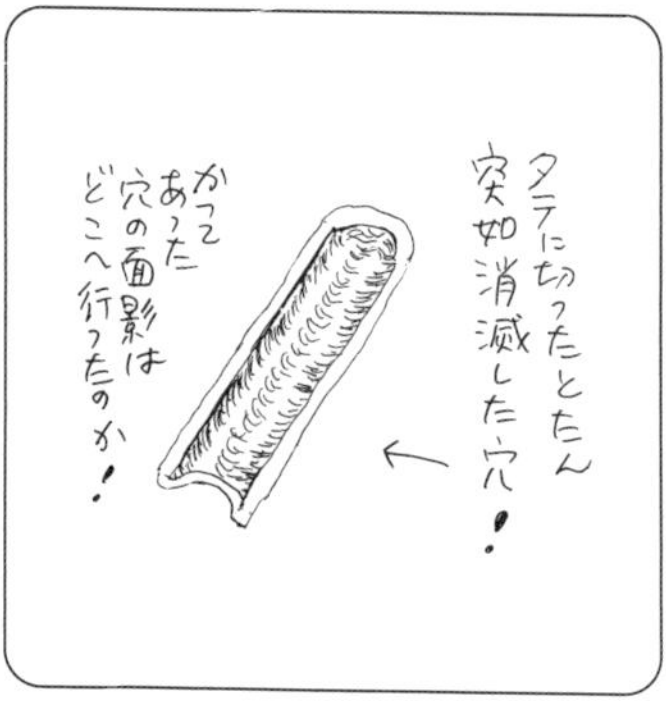
タテに切ったとたん
突如消滅した穴!
かつてあった
穴の面影は
どこへ行ったのか!

　そしてこれは誰もが予想もしなかったことであるが次の事実に驚愕することになる。
「タテに切ったとたん全チクワから全《すべ》ての穴が一挙に消滅する」
　本当に「一挙に消滅する」のだ。
もはや一本のチクワのどこをどう探しても穴は見当たらない。
半割りになった穴の残骸が、長く空しく仰向けになって空を向いて横たわっている。
こうなってくると穴が懐かしい。
チクワには穴が付きものだっただけにもう一度穴の開いたチ

クワを見てみたい。

日本人はとんでもないことをしてしまったのではないか。

その思いがこみあげる。

チクワの歴史は古い。

ものの本によると「日本書紀」にもチクワが載っているらしい。

日本書紀は720年に完成ということになっているので実に今から1300年前。

これはぼくの推測であるが、1300年間、チクワは一度だってタテに切られて食べられたことはなかったにちがいない。

1300年間、輪切りにして食べられてきたのだ（たぶん）。

ぼくが初めてタテに切られたチクワ、すなわちチクワ天そばを立ち食いそば屋で食べたのは平成の時代に入ってからだった。

ということは、それまでチクワ天そばというメニューは世の中になかったのだ（たぶん）。

こうなってくると次のようなことが問題になってくる。

これまでずっと輪切りで食べられてきた自分が、今般タテに切られて食べられたことをどう思っているか。

喜んでいるのか、嘆いているのか。

◉かき氷のペシペシ

かき氷を食べていてふと思った。

かき氷は飲み物なのか、食べ物なのか。

かき氷の山にスプーンを突っこんでそれを口に入れる。

シャクシャク……。

噛んでる。

シャクシャクというのはどう考えても食べ物を噛む音である。

ということは、かき氷は食べ物ということになる。

が、しかし……。

かき氷をシャクシャクしようとひと噛みしたとたん、溶けて液体になってしまうのでそれをゴックンと飲みこむ。

ゴックンはどう考えても液体がノドを通過するときの音である。

すなわち飲み物。

かき氷は飲み物なのか、食べ物なのか。

じゃあ
何なの
コレ？
かき氷は
飲食では
ないのだ
なあ

飲食《いんしょく》という言葉がある。

飲み食い。

かき氷はこの飲食という言葉に当てはまるのか、当てはまらないのか。

飲食は飲み食いすることによってそれを養分となし、血となり肉となることを目的としている。

かき氷を食べてそれを血となし肉にしようとする人はいるだろうか。

さあ、困った。

かき氷とは何ものなのか。

われわれは何を目的にかき氷を食べているのか。

ここでぼくの考えを言っ

てもいいでしょうか?

　いい?

　では言います。

かき氷は食べ物でもなく飲み物でもなく、つまり食品ではなく娯楽品である。

われわれは娯楽としてかき氷を食べる。

だって楽しいじゃないですか、かき氷をつつくのは。

ここで改めてかき氷の全体像を見てみよう。

かき氷専用の足のついたガラスの器に氷の山がこんもり。

これ以上はどうやっても盛りこめませんというてんこ盛り。

事実、たった今、裾のところの一部が落下したばかり。

ここで改めて山頂を見てみよう。

山頂がまっ赤。

それも原色のまっ赤。

ふつう、原色は世間に悪びれるところがあるものなのだが悪びれることのない堂々のまっ赤。

この堂々が嬉しい。

この光景はすでにして童話の世界……の入口。

この赤い童話の山に、いきなりスプーンを突っこむ人はいません。

とりあえずスプーンの背で氷の周辺をペシペシする。

ないしは、ナデナデする。

百人が百人、これを行う。

このペシペシ、ないしナデナデは、一見、山容の修正を行うための実務のようにみえる。

かき氷係のおばちゃんはとにかく忙しく（五人分いっぺんとか）氷の山に愛情をそそいだりしているヒマはないので動作が荒っぽい、こぼし放題、山容ガタガタ。

　そうやって愛情薄く作られたかき氷を客は愛の心で迎え入れる。

愛薄くこの世に生まれたかき氷が不憫。

つい労《いたわ》りの心がわく。

ペシペシは実務ではなかったのだ。

ナデナデは愛撫だったのだ。

ヨシヨシの心だったのだ。

儀式は終わった。

さて、スプーンを、山容のどのあたりに突っこもうか。

山頂か、山腹か、なだらかな裾野か。

ここでぼくの考えを言ってもいいでしょうか。

いい？

では言います。

中腹です。

赤のグラデーションがまだらになったあたり。

なぜ中腹かというと、まっ赤なてっぺんの甘すぎるあたりは後《あと》の楽しみにとっておくつもりなのです。つまり第二志望から。

千鳥がお約束
氷
この旗の下で
食べるとおいしい

第二志望の大きなカタマリを大口開けて投入。

ウワー、ひゃっこい。

甘いとか甘くないとかいう前にひゃっこいが先。

このひゃっこさを何にたとえよう。

たとえばものすごく熱い味噌汁。

ものすごく熱いと知りつつズズとすすりこむとはたして予想どおり熱い。かき氷の冷たさにはこの〝はたして〟がない。

ひゃっこいと知りつつ頬張ると〝予想を超えて〟ひゃっこい。

最初の一口が予想を超えてひゃっこかったので二口目はそのつもりで飲みこむと、その予想を超えて更にひゃっこい。

何回やっても予想を超える。その都度感動、毎回歓喜。

甘さは甘美に通じ甘美は恍惚に通じる。

ひゃっこさは痛撃であり痛撃は痛快に通じる。

これこそがかき氷の喜び、かき氷の快楽なのです。

甘さにもいろいろあるがかき氷の甘さは〝原色の甘さ〟すなわちアイスキャンデーの甘さ。

アイスキャンデーの甘さは郷愁の甘さ。

アイスキャンデーの甘さはむずかしいこと一切なしの甘さで、この甘さについてもうひとこと言いたいのだが言っても無駄なので言わない、という甘さ。

とかなんとか言いながら、気がつくと手はいつのまにかかき氷をジャキジャキつついている。

さっきからずうっとジャキジャキしている。

あっちをジャキジャキ、こっちをジャキジャキ。

このジャキジャキは何を意味するのか。

意味があるのか。

ぼくの考えを言ってもいいでしょうか。

いちゃついているのです。

ジャキジャキジャキいちゃついてる。楽しーな。

◉今のお茶、昔のお茶

最近お茶の概念が急激に変わってきている。
昔の「お茶」と今の「お茶」はまるっきり違う。
今はお茶といえばペットボトルのお茶のことになった。
昔のお茶は常に湯気と共にあった。
今のお茶は湯気を伴わない。
ここのところがまず違う。
飲み方も違う。
昔のお茶はジルジル啜った。
今はゴクゴク飲む。
昔のお茶は急須にお茶っ葉《ぱ》を入れ、そこに熱湯を注いで飲んだのでどうしたって熱い。
だからジルジルになる。
ジルジルの前にフーフーする。
熱いので冷ますためにフーフーしてからジルジルになる。

今のお茶はペットボトルを自販機から取り出して飲む。

そのときゴットンという音がする。

今のお茶はペットボトルから飲むので音はゴクゴクになる。

順序としては、ゴットンしてからゴクゴクということになる。

フーフー→ジルジル

ゴットン→ゴクゴク

まるっきり違う。

飲むに至る過程も違う。

今のお茶はゴットンとゴクゴクで簡単に済むが、昔のお茶は大変だった。

「お茶でも飲むか」

ということになると、まず戸棚から茶筒を取り出さなければならない。

急須も取り出さなければならない。

飲む人が大勢の場合は急須ではなく大型の土瓶《どびん》を用意しなければならない。

象印の魔法瓶も用意しなくてはならない。

そうしておいて茶筒の蓋をスポンと開ける。

そうすると中にもう一つの蓋があるのでこれもスポンと開けなければならない。

茶筒のお茶の葉を目分量ではかりつつ急須に入れる。

そののち急須を魔法瓶の出口のところにあてがい、押しボタンを押すと熱湯が出る。

しばらく待つ。ちょっと揺する。

「ちょっとお茶でも」と思い立つとこれだけの手間ヒマがかかる。

自販機のお茶だったらとうの昔にゴクゴク飲んで今はボトルの口をキュイキュイ締めているところだ。

と、まあ、ここまで昔のお茶の飲み方を説明してきたわけだが、説明に出てきた数々の用語を今の人たちは理解できるだろうか。

急須？　土瓶？　茶筒？　魔法瓶？

エ？　魔法？　お茶を飲むのに魔法を使うの？ということになる。

何しろどれもこれも見たことも聞いたこともない名前の物ばかり。

話のついでに、

「急須から茶わんにお茶をついだときに茶柱が立つと縁起がいいなんて言ったものだった」

などと言ったりすると、

「え？　チャバシラ？　チャバシーラ？」「ナニソレ？」

と大騒ぎになる。

魔法の瓶もチャバシーラも今の人たちにとってはナニがナニヤラの異文化となっている。

「おーい、お茶」

も異文化となっている。

「オーイ、オチャ」

ナニソレ？

どういう意味？

どういうこと？

昔だったら、家でも会社でも、「オーイ、オチャ」という声がどこからか聞こえてくると、すぐに誰かが立ち上がってやがて目の前にお茶が出てくる、というのが昔の日本の慣《なら》わしだった。

今は「おーい、お茶」は「ナニソレ」で無視される。

昔は会社とお茶が密接に結びついていた。

会社に訪問客があると応接室に通されてまずお茶が出る。もちろん湯気の出るほうのお茶である。

会社には給湯室というところがあってそこで事務服を着た事務員がお茶の準備をする。

給湯室には茶筒も急須も用意されている。

魔法瓶は用意されていない。

給湯室にはガス湯沸かし器が設置されていてこの栓をバッチンという音と共にひねるとガスが自動的に点《つ》くからである。

事務服を着た事務員はガス湯沸かし器から出てきた熱湯をお茶っ葉の入った急須に入れ、少し揺すり、湯のみ茶わんに注ぐ。

湯のみ茶わんには茶托が付く。蓋も付く。

どうでもいい客には両方付かない。

付けるか付けないかは事務員の判断による。

と、ここまで書いてきた文章のほとんどが、今の人の「ナニソレ?」「ジムフク?」の対象になる。

「ジムイン?」

から始まって、

「キュートーシツ?」

「チャタク?」

今は「チャー、ノム?」とか言って「茶ー」を「飲み」にいくので、

「茶ー、炊く?」

ということになってますますワケがわからなくなる。

来客を温かいお茶でもてなす昔の習慣はよかった。

人間味があった。

温かみがあった。

今は来客にはペットボトルのお茶を出す。給湯室もいつのまにか見かけなくなった。

ペットボトルは出し方がむずかしい。茶托なし、蓋なしなので、どうしてもテーブルの上にドスンと置くことになる。

ドスンがよくない。

しゃくにさわる。

「なにしやがんでー」

ということになって、つい喧嘩腰になる。

◉おでん、派閥の世界

派閥とは何か。

お仲間のことである。

お仲間でつるむことである。

〈つるむ〉というのは好ましからざる行為を指す場合が多い。

仲間とつるんで競馬に行った、とか。

仲間とつるんで喫茶店にサボりに行った、とか。

人間至るところ青山あり。

人間至るところ派閥あり。

人が五人集まると派閥ができるという。

派閥が二つと無派閥が一人。

政治の世界では派閥が跋扈《ばっこ》している。

日本の政治は派閥で成り立っていると言っても過言ではない。

「菅前首相派閥結成か?」などという記事が新聞に躍り、「安倍派はこれからどうなる」などと

書き立てる。

昔の派閥はボスのカネで動いたが（角栄のころ）、今のボスはカネがないので動きが複雑になっているらしい。

人間至るところ派閥あり。政治の世界ばかりでなく近所づきあいにも派閥ができる。

会社にも派閥がある。どの上役の派閥に入るか、それでその後の運命が決まるといわれている。

おでんの世界も派閥でできている。

と書くと、誰もが、まさ

かと信じないが、このあとの記述を読んだあとは、そうだったのか、と、ハゲシク動揺しながらハゲシク頷くことになる。

はずなので心して読んでほしい。

おでん屋に行く。

ノレンをかき分けて店の中に入る。

すると目の前におでん屋独得の平らなおでん鍋が湯気を上げつつ展開している。

おでん屋のおでん鍋は小さな四角で区切られている。

その四角い区切りの鍋の中に、チクワ、コンニャク、ハンペン、大根、さつま揚げ、昆布（こんとこ我慢して読んでください）、豆腐、タコ、ガンモドキ、シラタキ、ゴボウ巻き、袋、玉子、餃子巻きなど、それこそムチャクチャ多種雑多複雑多様のタネが、ある秩序によって分類されて入れられている。

その秩序の根本原理が、実は派閥であることに多くの人が気付いていない、という事実を理解してもらうために、さきほど御苦労を承知で長々と読んでいただいた次第である。

おでん鍋の中の区切りの一枡《ます》の中をのぞいてみる。

豆腐、ガンモドキ、厚揚げが入っている。

豆腐閥である。

別の一枡。

チクワ、さつま揚げ、ハンペン。
練りもの閥である。
大根、里芋、レンコン、コンニャク。
土中閥である。
ウィンナ巻き、餃子巻き、ゴボウ巻き。

巻きもの閥である。

タコだけが入っている一枡がある。

無派閥である。

ゴボウ巻きは、練りもの閥と土中閥が合従連衡したもので、政治の世界ではよくあることであって驚くにはあたらない。

袋はどうか。

袋の中には、大根、人参、干し椎茸、銀杏、鶏肉などのこまかく刻んだのが入っている。

地盤（選挙の）が弱い弱小派閥が寄り集まって無理矢理党を結成し、実力があるといわれている油揚げを党首に担《かつ》ぎあげて出馬した、と考えるのはどうだろう。

同郷であるということで閥が形成されることも多い。

コンニャクとシラタキは同郷ということで派閥の中の小派閥が形成されたようだが、意外に仲がよくないという評判が立っている。

確かにコンニャクとシラタキとをいっしょに注文する人はいないので両者がいっしょに皿に並ぶことがないことからそういう噂が立っているらしい。

チクワ麩はコナモン閥として一派を立ち上げようとしたが、見回してみるとコナモンは他に一人もいないので目下苦戦を強いられているといわれている。

弱小の者が寄り
集まって徒党を組んだ
「フクロ」

派閥活動といって派閥には活動が付きものであるが、当然のことながらおでんも派閥活動を行っている。

ロビー活動もしている。

派閥の活動やロビー活動には暗い印象があるが、おでんの活動には暗さがない。

ないばかりかきわめて明るい。

明るいばかりかお互いに自分の味を出し合う。

互助の精神で助け合う。

さつま揚げが自分で出したさつま揚げの味と、ガンモドキが自分で出したガンモドキの味がおでんのツユの中で溶け合う。

鍋の中は一応区切ってあるが底のところでツユは交流しているので各派閥の味が総合的に交じり合う。ツユのところで交流する、これがおでんのロビー活動といわれているものだ。

ここまでのところを要約してみよう。

おでんは互助の精神でできている。

おでんの世界は平和である。

おでんの世界は穏やかである。

おでんには温《ぬく》もりがある。

おでんの世界には争いがない。

おでんのタネ同士いつも協力し合う。

タネ同士仲良しである。

おでんの世界は陰謀とか策略とかとは無縁である。

おでん屋のノレンをくぐっておでん一同を見ると誰もがホッとする。

日頃、会社で派閥の抗争に巻きこまれて疲れ切ったサラリーマンにとって、おでん一同のこの明るい派閥の存在は心の癒やしとなる。

サラリーマンがおでん屋に通う所以《ゆえん》である。

◉「シン・カステラ」の時代

カステラがスッピンであるという事実を知る人は少ない。

その事実をこれから指摘していく。

指摘されて人々は、

「そうだったのかっ！」

とハゲシク机をたたくことになる。

必ずそうなる。

自信あります。

改めてカステラを見てみよう。

ここで人々はカステラが原型のままであることに気付く。

大きな枠の中に液状の材料を流しこんだまま、焼いたまま、それを四角に切ったまま、そのままの姿で世に出る。

生まれたままの姿で、という言い方も出来る。

ここでカステラの隣にショートケーキを置いてみる。

カステラとショートケーキの土台はほとんど同じ材料。

卵と砂糖と粉。

その同じような土台の上に、ショートケーキはイチゴが載っている、白いクリームが塗ってある、それをヒモ状に這わせたりしている、そのヒモには縄目の模様がほどこしてあったりする。

飾り立ててある。

化粧をほどこしている。

隣のカステラに目を移す。

人々はそこにまるっきりスッピンのカステラを見る

ことになる。

どうです、「カステラはスッピン」だったじゃないですか。

あなたはたったいま、ハゲシク机をたたいたばかりじゃないですか。

ここでぼくが言いたいのは、カステラの一途な思いである。

わが身を飾り立てるなど思いもよらない。

自分自身ありのままをさらけ出している。

裸一貫、この道ひとすじ、初志貫徹、至誠天に通ず。

清々しいじゃないですか。

見栄えをよくしよう、実態以上に見せようなどツユほども思わない潔癖さ。

いや、だからといって、いま隣にいるショートケーキを非難しようとしているわけではない。

片や化粧、片やスッピン。

要するに生き方の問題である、とカステラは泰然としている。

その泰然が頼もしい。

素朴、潔癖、一途、一所、懸命、いまの時代が忘れかけている美徳をカステラは全部兼ねそなえていることになる。

カステラの美徳はまだある。

徳には陽徳と陰徳がある。

貧しい施設に寄付金を贈るのが陽徳なら、道ばたに落ちているゴミを人がいてもいなくても拾うのが陰徳。

カステラが行うのは当然のことながら陰徳。

カステラの底には材料のザラメが溶けきれずに残っている。

カステラは基本的には全域が同じ味である。

そう思いながら食べていくとやがて底の部分に至る。

途端に味が変わる。

ザラザラしてきて甘みも強くなり粒々感も強くなって舌がこすられる。

この区域のファンは多い。

こういう区域を作っておきながらカステラはそのことをことさら強調したりしない。

知らんぷりをしているというわけではないのだが、そんなことをことさら言いたてるのが面映ゆいのだ。

黙っている。

功績がありながらそのことに触れない。

人知れず人を喜ばす。

こういうのを陰徳という。

カステラの奥床しさ。カステラの心遣い。

人々はカステラの人徳をこういうところに見る。

カステラはその人徳も素晴らしいが食べてもおいしい。

人柄として、業績として素晴らしいのだが交《つ》き合ってみると面白くもおかしくもないという人物はいっぱいいる。

カステラは見ているだけでもおいしそうに見える。

気立てもよさそう。

まず、その色。黄色というのがいい。

カステラは黄色じゃないと困る。

黄色いからこそカステラなのであって、もしピンクだったらどうしたらよいか悶々として一夜を過ごすことになる。

そしてその肌合い。

肌というものは昔からスベスベを理想としている。

スベスベ、ツルツルは女性の念願であり悲願である。

テレビのCMでもそのことばっかり言っている。

スベスベ、ツルツルは食べ物でいえば羊羹の表面がそう。

羊羹の表面はまさにツルツルスベスベ。

そのスベツルがいかにもおいしそうに見える。

カステラの表面はどうか。

カステラの表面（切り口）はスベツルの反対のザラザラ。

ザラザラは美容の敵であるが食べ物の場合はどうか。

まずく見えるのか、見えないのか。

それを論ずる前にカステラの切り口（表面）を考えてみよう。

おいしそう、この一語につきるのではないか。論議必要なし。

ザラザラは粗い粒状のものがこすれ合ったときに出る音であるが、カステラの切り口はまさに粒状のものが口の中でこすれ合うおいしさ。

カステラは全域が同質で他の材料が一切介在しない。

羊羹も全域が同質であるが、ときとして栗が介在する。

カステラは江戸の時代からこの他者不介入の方針でやってきたが「栗入りカステラ」おいしそうではないか。

ゴジラはシン・ゴジラの時代になった。

カステラにもシン・カステラの時代はくるのか？

◉冷凍焼き芋出現

白樺、青空、南風、とくればご存知、千昌夫が歌うところの「北国の春」。

アチアチ、ハフハフ、ホカホカとくれば、ご存知、石焼き芋の世界。

白樺と青空と南風とは本来何の関係もない。

ない、が、千昌夫がまとめると名曲になる。

アチアチ、ハフハフ、ホカホカも、一見、関連性がないように思えるが、ここに焼き芋という概念を持ちこむと途端に、

「ア、ナルホド」

の世界になる。

焼き芋は手にすると熱い。

思わず「アッチー！」と声が出るほど熱い。

このことは日本人なら誰でも知っている。

アチーのがわかっていて、そのアチーのを手にすれば「アチー」と言うであろうこともわかっているのだから、今回は言わないでおこうと思っていても、実際に手にした途端「アチー」と言

ってしまう。
失言とは言わないが、ま、失言のたぐいと言ってもいい発言である。
日本人は焼き芋に向きあうとなぜこの失言を繰りかえすのか。
日本人はこの「アチー」を楽しんでいるのだ。
焼き芋と「アチー」はセットになっているのだ。
だから、わざと「アチー」と言っているのだ。
「アチー」の考察はこれぐらいにして本題に移る。
日本人のカラダに沁みこんでいるこの「焼き芋＝ア

チー」の思想が、いま崩壊しようとしている。
「ほうかい」
などと、のんびりしたことを言ってる場合ではないのだ。
冷凍焼き芋というものが出現したのだ。
「冷」という字と「焼」という字は相性がよくない。
冷という字を見れば誰もが「冷たいんだナ」と思う。
焼という字を見れば誰もが「熱いんだナ」と思う。
これからは、そう思ってはいけない時代になったのだ。
これから先、日本人は焼き芋を見たとき、どう思えばいいのか。
冷凍焼き芋はもちろん冷凍のまま食べるわけではない。
チンして食べる。
ついさっきコンビニで買ってきた冷凍焼き芋の袋がいま目の前にある。
袋の右横に、
「茨城県産・紅はるか」
とあり、中央に大きな文字で、堂々と、臆面もなく、
「冷凍焼きいも」
と書いてある（3本入り・689円）。

冷凍焼き芋は焼き芋界の新顔である。

新人、新米である。

ふつうだったら新人らしく、控え目でしおらしく、このたびはこういうことになりましたという挨拶をすべきなのに、大きな文字で、堂々と、気おくれした様子もなくケロッとしている。

見た目はどう見ても焼き芋そのもの、長さ15センチ、太さ5センチ、焼き芋特有の紫色、ところどころの焼け焦げ、皮のシワの寄りぐあい、質感、もう一度繰りかえすがどう見ても焼き芋。

そのどう見ても焼き芋を手に取る。

ピヤッと冷たい。

何しろ凍っているので思わず手を引っこめるほど冷たい。

長年、いや何十年と培ってきた「焼き芋＝アチー」の法則が崩壊した瞬間であった。

「焼き芋＝ひゃこい」の法則が成立した瞬間でもあった。

冷凍焼き芋はまだそれほど普及してないらしく、何軒かのコンビニには置いてなかった。

そのかわり通販では盛況らしい。

冷凍焼き芋は何しろ安い。

焼き芋屋で買えば１本４００～５００円のものが冷凍だと２００円前後。

焼き芋は今や通販で買うものになったようだ。

昭和から平成の時代は、焼き芋は焼き芋屋から買うものだった。

煙突から煙を吐き出す屋台を引いた焼き芋屋のおじさんが、「いしやーきいもー、いもいもー」と、なぜか「いも」のところを２回繰りかえすのが決まりになっていて、その声が聞こえると購買者は「焼き芋屋さーん」と声をかけ、焼き芋屋さんは「ハイヨー」と答えて商談が成立する。

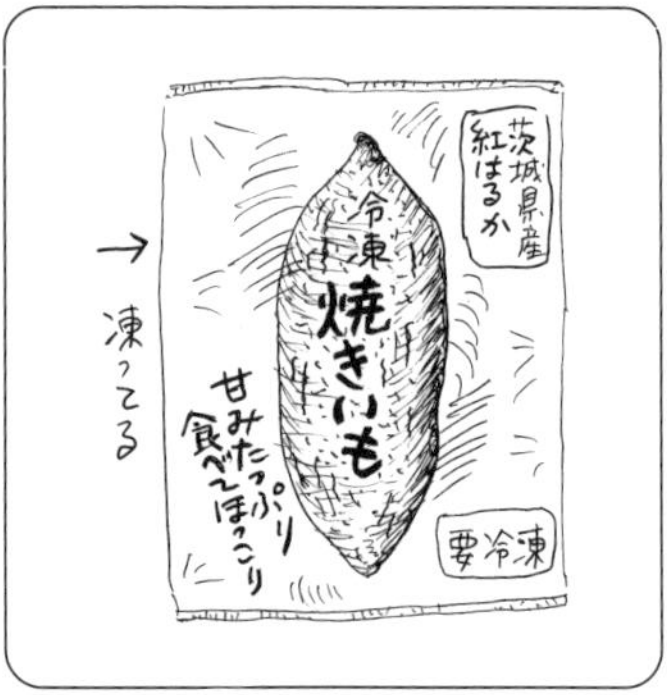

　ここで気がつくのは購買者も販売者も共に肉声であること、双方が徒歩であること、ときには「寒いわねー」などの会話を交わすこと。

　通販ということになるとこれらの行為がいっさい消える。

　通販とは通信販売のことであるから全てのやりとりが通信で行われることになる。

　通信というのは互いに離れた場所にいる者同士が通報業務を行うことである。

　肉声も要らないし徒歩も要らない。煙も出ないから煙突も要らない。

こういう経歴で購入した焼き芋と、徒歩で煙の出る焼き芋屋から購入した焼き芋は果たして同じものなのか。

同じ味なのか。

たったいまチンしたものを食べてみます。

アチアチを楽しんだあとパクリと一口。

あ、違う、全然違う。

正規の経歴を持つ焼き芋はホッコリが身上だった。

そのホッコリがない。

ホッコリがなくネットリ。

焼き芋というより煮芋のイメージ。というよりまるっきり煮芋。

これはこれでおいしいので、これから先、煮芋という分野が拓けてきたことになる。

焼き芋の未来は忙しくなったようだ。

◉お節をぶちまける

ここんとこ、正月のお節の広告がやたらに目につくと思いませんか。

毎日毎日、新聞広告、デカデカ。

十月の終わりごろから早くもバカデカ。

例年だとお節の広告は「来年の手帳の発売予定」の広告と時を同じくしていたように思う。

今年にかぎってなぜこんなに早いのか。

やっぱりコロナが影響しているのだろうか。

ステイホームでみんな家にいるのでそれを狙っているのか。

家に閉じこめておいてエサをちらつかせると食いつきがよくなる、という発想なのか。

三密が関係しているということも考えられる。

お節は重箱の中に料理がぎゅうぎゅう詰めに入っていて、そのぎゅうぎゅう詰めがいかにもおいしそうに見えるのをいいことに、ヤーイ、ヤーイ、羨ましいだろ、と、見せびらかしているのか。

例の高橋さん（元電通）がどこかにからんでいる、ということも考えられなくもない。

いずれにしても、料理をああいうふうにデカデカと見せつけられるとどうしても見入ってしまう。

食いつきがよくなってしまう。

紅白のカマボコのどアップ、黄色い伊達巻きの表面の焦げ具合、黒豆の照り具合など、食いつくように見てしまう。

そしてその配列。

はっきりした区分けの中の見せ方の妙。

カマボコは紅白を互いちがいに並べ、伊達巻きは切り口を見せるためにわざわざナナメに里芋に立てかける。

巨大な伊勢海老は（あればの話）それら料理の天空をよぎっておおいかぶさっている。

もはや、どこをどう動かすこともできない完成美の世界。

正月、よその家を訪問した客は、この完成美と対決することになる。

「お節、ドーゾ、ドーゾ」と言われる。

そう言われてそこからカマボコを一枚、ブリの照り焼きを一切れ取り出した客はその完成美を毀《こわ》すことになる。

必ず毀す。

お節料理というものが日本に誕生して以来（平安時代と言われている）、日本人はこの問題で苦しんできた。

毀すも地獄、毀さぬも地獄。

対策はないのか。

方法はあるのか。

実を言うと、あります。

素晴らしい解決策、あります。

あるにはあるのだが誰もが実行をためらっている。

その方法があまりにも破天荒、前代未聞なのでためらわずにはいられないゆえに未《いま》だに日本人でこれを実行した人は一人もいない。

一挙に話すとショックが大き過ぎると思うのでチビチビ話します。

まず大きな皿を用意してください。

重箱よりひとまわり大きい皿。

料理の詰まったお節のお重を両手で持ってその皿の上空で止《と》めます。

　そうしたら、そこで手首を向こう側に大きく返してください。

どうなりました？

そうです、当然のことながらぎっしり詰まっていた重箱の中身が、ドドッと、大皿の上にぶちまけられることになります。

お皿の上はお節の山。

あんなにも整然と、あんなにもきっちりと区分けされていた料理の数々が、いまメチャメチャ。

美は乱調にあり。

はたしてそう言っていいのか。

この皿の上の山を見てそう言えるのか。

それを論じている場合ではない。

この「ドドッの瞬間」は、日本人の苦渋の歴史、千年の苦しみから解放された瞬間なのです。

日本の歴史始まって以来の〝ぶちまけお節〟誕生。

もはやどこをどう穿《ほじ》って食べてもいいのです。

完成美もなにも、最初から毀れているのでもはや毀しようがない。

皿の上のカマボコは紅と白があっちとこっち。

カズノコは折れ、黒豆散乱、レンコンの穴にはキントンが詰まり、昆布巻きの帯はだらしなくほどけ、タコの足の先端がゴボウにからみつき、爪揚げのカニの先端が鮑に（あれば の話）突き刺さっている。

場内騒然。

これを惨状と見るか。

お節の夜明けと見るか。

夜明けを象徴する希望の光と見るか。

元旦の訪問客と一家の主人とのやりとりは次のようになる。

テーブルをはさんで二人対座。

テーブルの上にはお節のお重。

この家のお節は重ね重ではなく大きな一段重。

「それでは」

と主人、そのお重を両手で持ち上げる。

その下には例の大皿。

主人、お節をぶちまける。

皿の上はお節の山。

客、デワデワと言いつつその山を箸で穿る。

目見当で何やら掘り出す。

「おっ、鮑！」

「やりましたね！」

と主人。

例年であれば恐縮と緊張と危惧と逡巡の場であった元旦の宴席が、突如、和気あいあい、ゲームの場と化したのです。

何のゲームかというと宝探し。

掘ってみなければ何が出るかわからない楽しい宝探し。

正月のゲームは羽根つき、凧上げ、カルタ取りなどいろいろあるが、ここにお節掘りという新しい楽しみが加わったことになる。めでたし、めでたし。

◉「佐久間のドロップ」なくなる

最初にご報告。

読売新聞の「編集手帳」。

「おなじみの赤い四角の缶に入ったサクマ式ドロップスがなくなる。製造する佐久間製菓（東京都豊島区）が来年1月に廃業すると発表した」

え？　なくなっちゃうの？　あの缶入りのドロップが？

と、まず驚く。

驚いたあと残念がる。

記事は続く。

「他社製品との競争や原材料価格の高騰で、事業の継続が困難になった」

ぼくら昭和生まれの人間は子供のころから佐久間ドロップに慣れ親しんで育った。

ごく日常の飴だった。

そのせいもあって、戦後、野坂昭如さんの「火垂るの墓」にドロップ缶が登場したときの感銘は人一倍深かった。

アメちゃんどや？
アメちゃんどないだす？
くわしいことはわからないがそんなようなことを言って差し出す？

飴の缶の中に妹の骨という現実におののいた。

売れゆき不振の原因は、コロナとか原材料高とかもあるかもしれないが、それより何より「飴の時代」が終わったということなのではないだろうか。

確かにみんな飴を舐めなくなった。

あなたは最近飴を舐めましたか、と問われると、誰もが「エート」と考えこむことになる。

「舐めたけどあれはノド飴だった」とか、「ビタミンCの補給飴だった」とかいうことになる。

　飴なんてものは呑気に口に入れ呑気に味わうはずのものなのに、そんなものに効能を求める時代になっていたのだ。

　あさましい時代になっていたのだ。

　ぼくが子供のころは飴全盛の時代だった。

　身辺が飴だらけだった。

　遠足のリュックにはまっ先に飴が入れられた。

　森永ミルクキャラメル、明治クリームキャラメル、一粒300メートルのグリコ、おまけつきのカバヤキャラメル、そして佐久間のドロップ、そのいずれかが必ず入っていた。

「飴なき遠足のリュック」というものは考えられなかった。

　今、遠足の児童のリュックに飴は入っているだろうか。

　ここで突然「大阪のおばちゃん」が登場することになります。

　大阪のおばちゃんのバッグには飴が入っている。

　噂ほどではないらしいが、まあ大体入っているらしい。

　ということは、大阪のおばちゃんは外出時にバッグに飴が入っているかどうかを確かめるということになる。

「飴なき外出のバッグ」はありえないということになる。

飴の時代は終わった、と言われている時代に、飴の文化は大阪のおばちゃんたちによって受けつがれていたのだ。

どういうふうに受けつがれているのか。

次のように受けつがれている。

大阪市内のバス停。

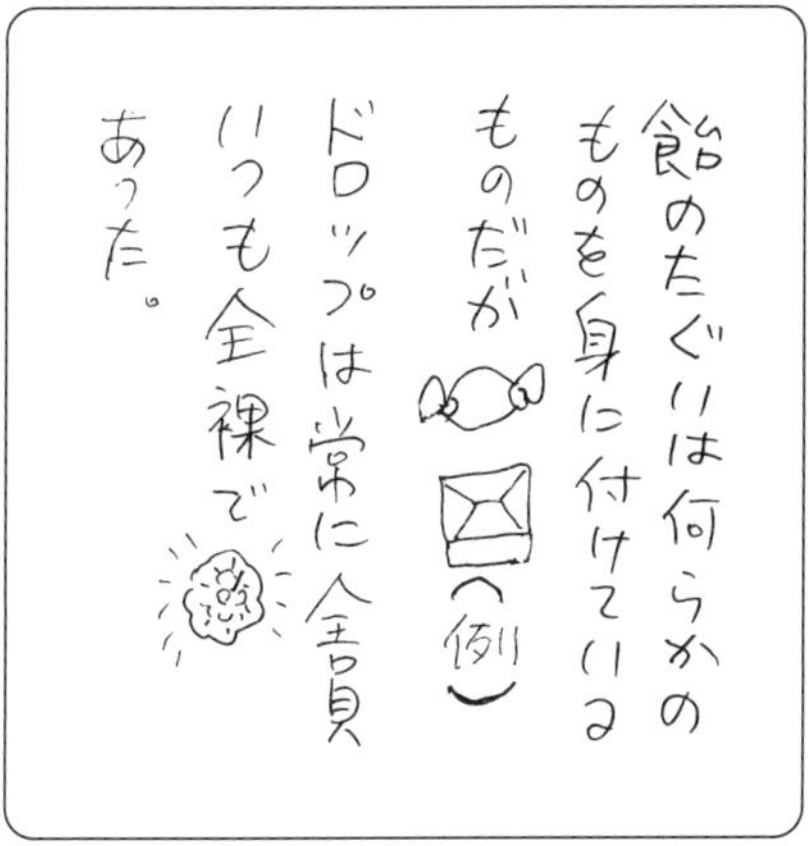
飴のたぐいは何らかの
ものを身に付けている
ものだが
(例)
ドロップは常に全員
いつも全裸で
あった。

バスを待つ人6名。

その中におばちゃん2名。

2名は赤の他人。

赤の他人ではあるが、そこは名にし負う大阪のおばちゃんであるから次のような展開になる。

おばちゃんAはおばちゃんBにこう話しかける。

「アメちゃん、どお?」

大阪のおばちゃんは飴に親しみを込めるために「ちゃん」をつける。

「おおきに」

とおばちゃんBは両手をそろえて差し出すとおばちゃんAは肩からさげたポシェットに手を突っこんで取り出

したのが佐久間のドロップ缶。

「出がけに目についたのがこれだったので」

と言いつつ、

「何色がいい？」

「ほな、黄色もらいまひょか」

ということになっておばちゃんＡは缶を振る。

出てきたのは赤。おばちゃんＢが両手をそろえているのでおばちゃんＡは大急ぎで缶を振るとこんどは緑。その次が白。その次が青。

サクマ式ドロップス
ドロップの大きさと
穴の大きさがギリギリ
だった

誰もが知っていることだが、佐久間のドロップ缶の穴は小さい。一円玉よりちょっと大きめといったところ。

ドロップ自体の大きさはその穴よりほんのちょっと小さめ。ギリギリの穴対ギリギリのドロップということになって、出すときは振ればいいだけだが、それを収納するときは大変な苦労をすることになる。

いちいち違う色が出ればいちいちそれを収納することになる。

まあ、その収納の手間どること。これまでに4個を振り出しているので4個を収納している。

バスがやってくる。

ラチがあかないまま二人はバスに乗り込む。

並んで座って作業は続く。

こんどは紫。

紫も違う色なので収納しなければならない。

缶の穴にうまく当てはめてドロップが入りかかったところでバスがガクンと揺れる。

さっきまではバス停だったので、それなりの苦労はあったものの何とか収納してこられたが、ここから先はすべて揺れる車内での作業となる。

飴というものは、ふつう、何かに包んである。

キャラメルだったら例の折りたたみ方式。

ふつうの飴だったら包装紙の両端を軽くひねる。

佐久間のドロップ缶は全員裸。

世の中に出るときにいきなり全裸。

無防備のものを床に落としてはならぬ。

苦境の中、おばちゃん2名の苦労は続く。

ふつうだったら事態は次第に深刻になっていくところだが、大阪のおばちゃんの場合は、アハハ、アハハと明るく続く。

◉海苔のお仕事

「老人と海苔」というタイトルを思いついたとき、天にも昇る気持ちだった。

何と素晴らしいタイトルであることか。

「老人と海苔」。

この字の配列をじーっと見つめてください。

はて？　どこかで見たような、と思った人は多いはず。

そうして「老人と海苔」という小説を思い出した人も多いはず。

それもそのはず、「老人と海」は「老人と海」に「苔」の字を足しただけなのだから。

だからどーなんだ？と言われると困るが、何という言葉の妙、というか、何という巡り合わせ、
というか、運命の糸が二者を結びつけたとしか思えないのだ。

ここで誰もが思うことは、「老人と海」が小説になりうるのならば、「老人と海苔」も小説にな
りうるのではないか、ということである。

どういうふうに小説にもっていくか。

片や海とカジキマグロを相手の勇壮果敢な冒険小説。

対するに、老人を相手の海苔のお話。

海苔に冒険をさせるわけにはいかないので、どうしても地味な小説にならざるをえないが、それはそれでまた別の味が出るような気がする。

たとえば小津安二郎の映画の世界。

笠智衆が卓袱台にすわって海苔にちょびっとお醤油をつけ、黙ってゴハンを食べている。

そのまんまですでに「老人と海苔」。

ここで改めて思う。

老人には海苔が似合う。

老人は入れ歯の人が多いから、ゴハンに海苔を巻いて食べるのが一番ラク。

海苔の立場から考えても、ただゴハンに巻きついていればいいわけだから仕事はラク。

ここのところでいつも思うのは、海苔自身にとって、自分の仕事のどれが一番好きなのか、ということである。

海苔の仕事はいっぱいある。

おにぎりのお仕事。

海苔巻きのお仕事（恵方巻のときは大忙し）。

蕎麦に細く切ってパラパラと振りかかる仕事。

餅に巻きつく磯辺巻きの仕事。

そして海苔の本業ともいうべき味付け海苔の仕事。

やはり海苔の本業は〝ゴハンにジカに巻いて食べる〟ではないだろうか。

ここまでは海苔の本来の姿である〝乾き仕事〟であるが、〝水仕事〟もある。

海苔の水仕事は〝濡れ仕事〟とも言われ、たとえば「お父さんがんばって」の佃煮仕事がそれにあたる。

海苔の人生訓は、

「いつも乾燥を旨とすべし」

であって、常に専用の海苔缶などをあてがわれて乾いた生活をしているのだが、この生き方（佃煮）は正道をはずれている。

春はあけぼの、海苔は乾いてこそ、と清少納言も言ったような気がする。

海苔は本来、一枚二枚という単位で数えられるのだが、瓶詰の瓶から箸ですくい取られた海苔の量には単位が与えられていない。

身分が海苔ではない、ということなのだろうか。

ラーメンの中の海苔の立場はもっと微妙である。

ラーメンのスープの中に下半身だけ濡れた状態で放置されている。

自分はここから先いったいどうすればよいのか。

もっと身を持ち崩してもいいのか、正道（乾燥状態）に戻るべきなのか、戻るべきといってもすでに下半身は濡れているわけで戻ろうにも戻りようがない。

迷っているうちにどんどん身を持ち崩していって最後はグズグズ。

海苔当局は彼らのことをどう思っているのか。

「当局としても、ああした半グレには、いまのところ、ちゃんとした対策ができておりません」

せいぜいこんな答えしか出てこないのではないか。

このように海苔の仕事は多岐にわたるが、では海苔の本業は何か？

正業は何か？

海苔本人も「これこそが自分本来の仕事である」と思っている業務、それは何か？

外部の者（人間）から見るとやはりコンビニのおにぎりが一番目立つので、海苔の本業はおにぎりであると思いがちだがそれでいいのか。

鉄火巻きとか納豆巻きなどの仕事はどう考えているのか。

あれらは片手間仕事なのか。

握り寿司のネタにイカがある。シャリの上にイカの切り身をのせ、そのまん中のところを5ミリぐらいに細く切った海苔で巻いて帯にする仕事があるが、海苔自身はあの仕事をどう思っているのか。

多分、海苔本来の仕事ではないと思っているはずだが、それはあくまで外部の者（人間）の考えであって海苔には海苔の考えがあると思う。

ウニやイクラなどをシャリの上にのせて周囲を海苔で巻く軍

艦巻きという仕事がある。われわれ（外部の者）は小洒落た仕事だと思っているが（値段も高いし）当人はどう思っているかはわからない。

だいたいにおいて海苔が主役を演じる料理は少ない。

常に脇役である。

その中で唯一主役を演じているのが海苔弁である。

なにしろ海苔以外のものは出演してないので必然的に主役になってしまう。だが海苔弁の社会的評価は一番低い。などなど海苔の悩みは尽きない。

そのあたりの心の悩みを細密に描いていけば「老人と海苔」は立派な私小説として成立するような気がするのだが。

◉牛乳をめぐる冒険

牛乳がこんなにもスリルとサスペンスに満ちたものであることを知らなかった。

つい、このあいだまでは。

危険物と言っては言い過ぎだが、場合によっては危険物になりうる。

つい先日、牛乳を飲もうと思って冷蔵庫から1ℓ入りの紙パックを取り出して何気なく日付のところを見た。

賞味期限が1週間を過ぎている。

(沸かして飲んだほうがいいいな)

と思った。

これが今回の事の発端だった。

とりあえず鍋を探した。

直径20センチほどの底の浅い片手鍋が見つかった。

この片手鍋はかなり使い古していて把手《とって》のつけ根のところが少しぐらつく。

右に5ミリ、左に5ミリほど。

これも事の発端になった。1ℓの牛乳をその片手鍋に注ぐと、上の縁《ふち》ギリギリのところで止まった。

これも事の元凶となることをのちに知ることになる。

鍋をガス台にのせる。

牛乳1ℓはかなり重く、片手で鍋を持つのがやっと、持ち上げると右に5ミリ、左右にぐらつく。

ガス点火。

ここでハッと気がつく。

牛乳というものは、鍋で沸かすとあるとき突然沸点に達し、突然鍋から噴き登ってくるものである。

その突然はまさに突然で、その勢いたるや鍋の縁を駆け登るごとく。

しかも沸騰するときの牛乳は質《たち》が悪く、当人のほんのちょっとした油断を見はからって駆け登る。

ひとたび駆け登った牛乳は怒濤の勢いで鍋から溢れ、一挙にガス台をビタビタにし、一挙にガス台から溢れ出てキッチンの床をベタベタにし、履いているスリッパをビタビタにし、もちろん靴下もベタベタにするという悲劇を起こす。

これが世に名高い「Bの悲劇」である。

「Yの悲劇」は有名だが「Bの悲劇」(ビタビタ、ベタベタのB)は、誰もが過去に一度はやらかしたことのある一般市民の悲劇として別の意味で名高い。

日本人だけでなく、恐らく世界中の人が一度はやらかしたことがあるのではないか。

その恐怖が頭の中に甦る。

甦るので、鍋を火にかけた瞬間から牛乳の表面から目を離すことができない。

目は牛乳の表面を見たっきり。

ちょっとでも目を離せば瞬時にして「Bの悲劇」に見舞われる。

3分経過。無事。

4分経過。鍋の中央にさざ波のようなシワのような動きあり。

緊張。ドキドキ。上半身大きく前傾。

4分40秒。鍋の縁に沿って直径2ミリほどの泡発生。脈動激烈。

次の瞬間、ワッ、まさにワッ、牛乳いままさにワッと駆け登らんとすの一瞬、把手を両手で持って火から引き上げる。

今、鍋の中の牛乳グラグラ、把手もグラグラ、グラグラの牛乳の上の縁のところがユラユラ、かろうじてこの苦境に耐えているそのとき、

「ピンポーン」

と玄関のチャイムが鳴ったとしたらどうなるか？

「宅配便でーす」

ということになったとしたら……。

あるいはドアがドンドンとたたかれ、

「ケーサツだ。開けろ」

ということになって、その把手グラグラ、牛乳グラグラの片手鍋の柄を両手で握ってマンションの廊下を走って逃げることになったら……。

その廊下にたまたま通行人がいたとしたら。

その通行人にも被害が及ぶが当人の腰のあたりにも被害が出るはず。

幸いにして宅配便も来なかったしケーサツも来なかったが、今、手に持っている鍋一杯の熱々の牛乳をどうやって飲めばいいのか。

誰が考えても、とりあえずマグカップが必要であろう。

とりあえずマグカップに鍋の中の牛乳を注ぐ。

なにしろ鍋からいきなりカップであるから、どう考えても無理がある。

どう考えてもジャバジャバとカップから溢れることになる。

このあとどうなったか。

流しの中にマグカップを置く。
ジャバジャバ覚悟で注ぐ。
そうすると覚悟どおり、牛乳はカップからジャバジャバ溢れ出たが、それは覚悟していたことなので心の動揺はなく、心おきなくカップから熱い牛乳を飲むことができた。
これだったら最初から牛乳をマグカップに注ぎ、それをレンジでチンして飲めばよかったことになるのだが、でも、これはこれで貴重な体験を再現することができたわけだし、懐かしい思い出を甦らせることができたわけなので後悔はしていないばかりか余慶さえあったのである。

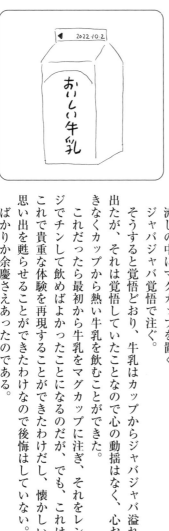

懐かしの、あの牛乳の膜に出会えたのだ。

牛乳を沸かすとその表面に薄い膜が張る。

そのことは知っていたのだが、こうしてその膜に再会するのは久しぶりである。

そうそう、これ、この膜。

ためしに箸ですくい上げると思いもよらぬ大量の膜が箸にひっかかってすくい上げられる。

そう、湯葉、湯葉そのもの。

この湯葉、口に入れるともったりと舌に重く、柔らかく、温かく、まさに牛乳の湯葉。

すくって飲みこむと早くも表面に次の湯葉。

久しぶりの鍋で沸かして飲む牛乳、美味。ここに至るまでの苦難の道もこれで帳消し。

◉グミ再興す

グミというものがあります。

小さな粒で、ちょっと平べったくて、イチゴとかブドウなどの果物の形をしていて、ちょっと甘くて、口の中にポイと放り込むと途端に歯が待ってましたとばかりに噛み始めるやつ。

いや、噛む、じゃないな、あの感触は。

加圧する、というか、凹《へこ》ませる、と言ったほうが正しいかもしれない。

凹ませると、グミはそのあと、ムクムクと押し返してくるのでそれをまた凹ます。

その繰り返しは、プニプニというか、むにゅむにゅというか、グネグネというか、それだけで充分、それ以上のことは望まないという不思議な存在。

人間はなぜこのような不思議な食べ物を愛好するのか。

グミは日本人ばかりでなく世界中で愛好されている。

日本にはグミを愛好する「日本グミ協会」というものさえあるという。

食べなくたっていいわけです、グミなんてものは。

だけど人間はときどきグミを口にしたくなる。

なぜなのか。

ここです、今回の話のポイントは。

11月29日の読売新聞の朝刊。

「グミ　食感ハードに進化」という記事がデカデカと載った。

「コンビニやスーパーの菓子売り場で勢力を拡大中の商品がある。それはグミ」

エ？　そうだったの？と思うがそうだったのだ。

「ドン・キホーテの旗艦店『MEGAドン・キホーテ渋谷本店』。菓子売り場をのぞくと、国内外のグミ約

300種類が並んでいた」

大新聞が、しかも朝刊で、しかもデカデカとグミなんてものを報道している。

なぜ、いまグミなのか。

やはりコロナが関係しているのだろうか。

マスクが影響している、ということも考えられる。

マスクは口を覆う。

覆われればどうしたって口は日陰の身になる。

日陰の身はつらい、寂しい。

その身をグミで慰めてあげようではないか、そういうことであれば、それはそれで充分納得がいくので、もしかしたらそれかもしれない。

コロナで巣ごもりになり、巣ごもりは誰だって寂しくなるし、口寂しくもなるのでそれでグミ。

これも充分納得できる。

それと、もう一つ。

おでんも関係ある説。

おでんといえばコンニャク。

日本人はおでんによってコンニャク慣れしている。

外国人はコンニャクをデビルズ・タンとか言ってコンニャク慣れしていないが日本人はコンニ

ヤクが大好き。

コンビニおでんの人気投票では常に上位を占める。

そのコンニャクの噛み心地はどうか。

ここで全日本人は、コンニャクとグミの偶然の一致に驚くことになる。

何と、プニプニ、むにゅむにゅ、グネグネ。

この偶然の一致を日本人はどう受けとめればいいのか。

ぼくもいろいろ考えたのだが、結局のところ、偶然の一致と考えるのがいちばん正しいような気がするので、もしかしたらそれかもしれない。

グミはグミるものであり、コンニャクはニャクるものである。

そう考えると、万物の物のあり方が判然としてくるような気がする。

このように考えてくると、考えはどうしても元のところに戻ってしまう。

人間はなぜグミを好むのか。

食べなくてもいいわけです、グミなんてものは。

なのに全人類がグミを愛好する。

なぜなのか。

人間はグミを食べ物ではないと考えている、という考えはどうか。

人間は食べ物を当然のように口に入れるが、グミの場合は食べ物ではない物を当然のように口に入れているのだ、という考え方。

ぼくがいつもグミを口の中にポイと入れて噛み始めたときに感じるのは〝他人行儀〟である。

(身内じゃないナ)

という思い。

と同時に、

(口の中にとっては身内だナ)

という思い。

グミを一粒口の中に放り込む。

舌のまん中にポタ。

いかにもポタ。

グミの定位置はいつだって舌の上、どまん中。

「下にも置かぬおもてなし」という表現があるが、まさに「舌の上」であるから「下にも置かぬ」特別待遇。

途端に口の中はウェルカム一色になる。

寄ってたかってグミを取り囲む。

舌は巻きついてくるし、歯は噛もうとするし、頬っぺたは寄ってくるし、上顎なんかも下がってきて余禄にありつこうとするし、とにかく大騒ぎ。

ここで当事者（自分）は少し寂しい思いになる。

置いてけぼりというか、取り残された気分になる。

このところで、

（グミは食べ物ではないナ）

という考えになるのではないか。

管轄が移った、というのか、グミを手に持ったときまでが自分の管轄で、舌の上にポタの瞬間から口の中の管轄になったような気がする。

口の中、大賑やか。

自分、孤独。

口の中、ぐっちゃぐちゃの密々。

このへんのところが、このたびのグミブームの深層である、という考え方はどうでしょうか。

◉おにぎり法成立

このへんでおにぎりの正統ということを考えてみたい。

おにぎりの正しい姿。

おにぎりはいかにあるべきか。

冒頭の「このへんで」というのは、そろそろそういう時期がきているのではないか、という意味での「このへん」。

そもそもの発端は、

「このごろおにぎりの様子がヘンだ」

「おにぎりの風俗が最近乱れておる」

という町の古老たちの声をあちこちで聞くようになって、同じ古老であるわたくしの血が騒いだことによる。

わたしら昭和生まれの人間にとって今の世の中はけしからんことばかり。

おにぎりの乱れもそのひとつ。

どういうふうに乱れておるのか。

形が乱れておる。

おにぎりは本来丸くなければならない。

「おむすびころりん」という昔話がある。

おむすびはころりんでなければならない。

われわれはそのことをこの昔話によって知っている。

しかるに何ぞや。

現今のおにぎり状況を見よ。三角ではないか。

三角では転ぼうにも転びようがないではないか。

今や日頃目にするおにぎりの殆どが三角。

ということは現今のおに

ぎりの殆どが「おにぎり法」違反ということになる。

「おにぎり法」については後述するが「おにぎり基本法」の略である。

ここでもう少し古老たちの声を聞いてみよう。

「形も問題だが構造的な問題もある」

「おにぎりというものは中心に梅干しなどの具、そしてその周辺にゴハン、そしてそのゴハンを海苔で包む」

「これがおにぎりのあるべき姿である」

しかるに何ぞや。

天むすというおにぎりがある。てっぺんのところから海老の天ぷらが突き出ている。

「『おにぎり基本法』にいちじるしく違反しておるが、『おにぎり道《どう》』にも反しておる」

「道徳的にも問題がある」

どういうことか。

「てっぺんに突き出ているのは頭ではなくしっぽである」

「漢字ではしっぽは尻尾と書く」

「ということは……」

「尻を突き出していることになる」

「いずれにしても尻は下半身という部分である」

「天むすは下半身を露出しておる」

「しかも、わざと」

というようなことが社会問題になっていく。

世の中が騒がしくなってくる。

そうなってくると国会でも取りあげないわけにはいかなくなる。

　国会周辺騒然。

「たち帰れ！　おにぎり」

「カーンバック、おにぎり！」

などののぼりを立てたデモ隊が議事堂を取り囲む。

その結果成立したのが「おにぎり基本法」なのであった。おにぎり基本法は、当然のことながらおにぎりの製作の方法にも言及している。

おにぎりはお握りであるから握って作られなければならない。

しかるに何ぞや。

現今のおにぎりは機械で作る。機械で型押しして作る。

おにぎりではなく、おおし。

何しろ基本法であるから原則に厳しいのだ。

昔の正統のおにぎりは母親が作った。

手で握って作った。ニッチ、ニッチと握って作った。

そのニッチ、ニッチに愛情が込められていた。

「割烹着《かっぽうぎ》っていうの？　白くて首のまわりのとこに刺繍《ししゅう》がついてるやつ」

「台所で立って握るんだよね、おにぎりは」

「そう、お櫃《ひつ》のゴハンをしゃもじでしゃくって」

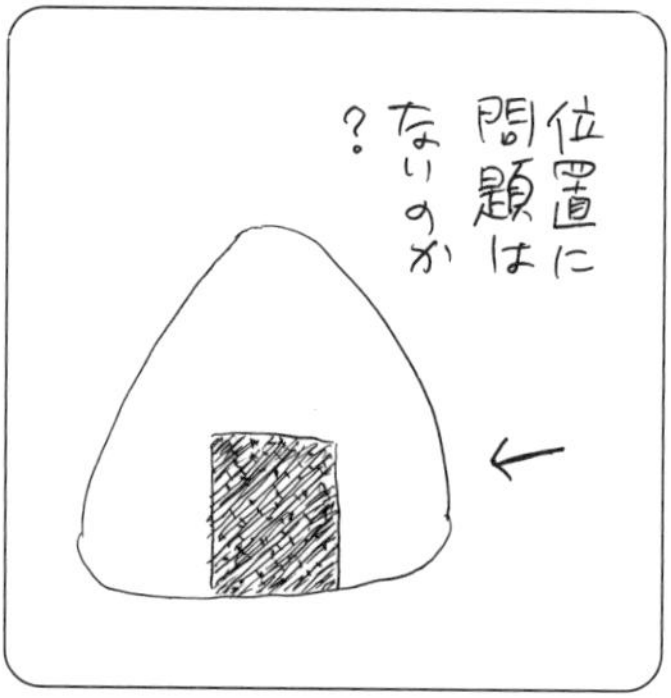

「しゃもじもお櫃もそのころは木製」

「そう、木で出来ていた！」

古老たちはヘンなところに感激する。

おにぎりを手で握るとなぜニッチ、ニッチという音がするかというと、おにぎりを作るにはまず手に水をつけて湿らせる。

その水分をチャッチャッと振って落とすが手にはまだ幾分か残っていて、その水分がおにぎりの表面の湿り気と相俟ってニッチ、ニッチという音になる。

ここであるべきおにぎりの姿をまとめるとこういうことになる。

形は丸。具はおにぎりの中心（外に出してはダメ）。全体を海苔で巻く。

ここで異論が出る。おにぎりは海苔で巻かなくてはいけないのか、海苔で巻かないおにぎりはおにぎりではないのか。

「うーむ、むずかしいなー、そのへんは」

「最近よく見かけるおにぎりに、下側のところだけちょこっと巻いてあるのがあるよね」

「あるある。よく見かける」

「あれって、どういう趣旨なのか？」

「うーむ」

改めて趣旨という言葉で訊かれるとむずかしい。デザインとして？　海苔が少なくて済む？　おにぎりは手で食べるのでそのための部分として？

「こういう考えはどうだろう」

「言ってみ」

「巻いてあるのは下側だよね」

「うん」

「位置的に見て下半身だよね」

「だから？」

「ふんどしに似ている」

◉コオロギ餅に入る

コオロギは煮たり焼いたりするものではありません。

そんなことは誰でも知っている。

なのに最近そういうことをする輩《やから》が横行している。

コオロギは粉末にしたりするものでもありません。

なのに最近、あちこちで粉末にしている。

コオロギはもともとススキなんかの葉陰でリリリとかコロコロとか優しい声で鳴いているのを聴くものです。聴いて情緒にひたるものです。

そういうものを、何ですか、煮たり焼いたりして。

粉末にしたりして。

聞くところによると、コオロギをよーく煮出して出汁《だし》を取ったりする人もいるらしい。

コオロギで出汁を取ってはいけません。

出汁は煮干しで取りましょう。

つい先般、この連載でコオロギラーメンというものを取りあげたばかりなのに、今般、コオロ

ギ餅なるものを取りあげなければならなくなった。

　別に取りあげなくてもいいんだけど、コオロギラーメンを取りあげておいてコオロギ餅を取りあげないわけにはいかないじゃないですか。バランスがよくない。

　このたびコオロギ餅なるものを製作したのは山形県の「城北麺工」という麺と餅を製造する会社。

　この会社がコオロギを粉末にした。

　粉末にして餅に練り込んだ。

　別に責めているわけでは

ないのだが、一応、張本人ということなので書かないわけにはいかないでしょうが。

事の次第をもう少し説明する。

粉末にされたコオロギは、実は別の会社が養殖したコオロギで、その工場は通常、魚粉を主とした餌としてコオロギに与えていた。

ところが、

「餅に混ぜると特有の臭みが出る」

ので、先述の、

「城北麺工の餅の製造過程で出る米ぬかを使ってみた」

ところ、

「臭みが消えてまろやかな味が実現」

したので、

「『やまがたコオロギ玄米もち』と命名し、今月（12月）5日に発売した」（東京新聞・2022・12・14）

「一切れ当たり三匹分を使い、コオロギが持つお焦げのような香ばしさが加わった独特の風味に仕上がった」

つまり、コオロギ餅は二社の共同開発だった。

この記事によって、われわれはコオロギを養殖する会社が存在することを知った。

と同時に、コオロギは養殖する時代になったことを知る。

今のところコオロギは国産だが、やがて外国産も輸入されるようになるはず。

東南アジアあたりからどんどん来るようになる。

そうなってくると、どうなんだろう？　フィリピンから来るコオロギはやっぱりフィリピン語で鳴くのだろうか？

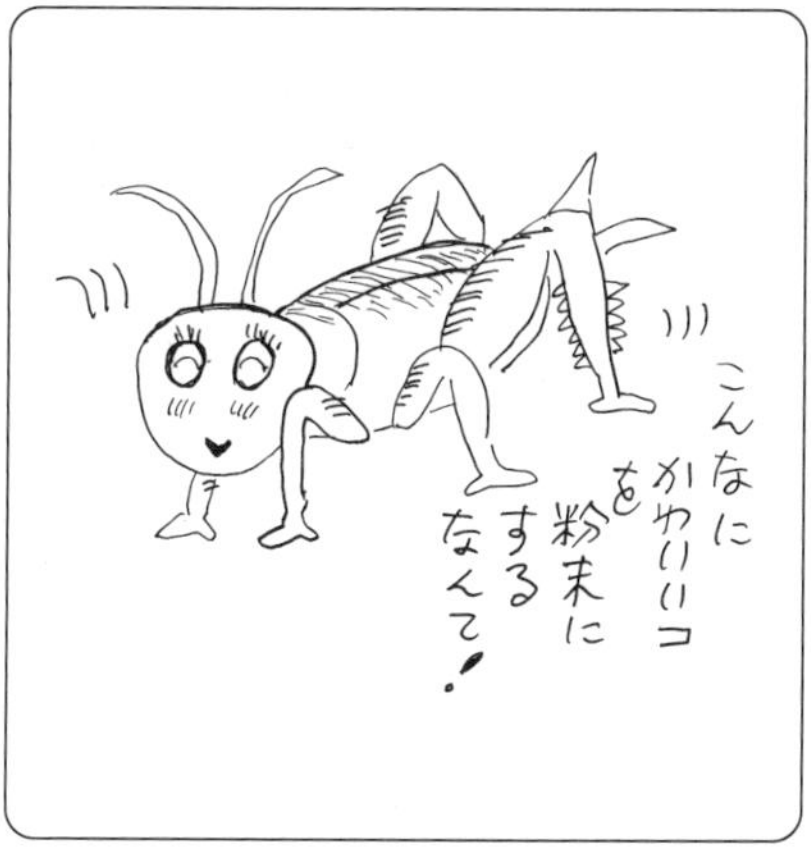

今のところは日本語で鳴いているようだが、なにしろ生まれも育ちも現地なので当然現地語になるはず。そうなると日本人はそのコオロギが鳴いているのを聴いても何て言ってるのかわからなくなるおそれがある。

フィリピン語で鳴くコオロギの声をどういうふうに受けとればいいのか。

今から考えておかなければならないテーマである。

それともう一つ、これも今から考えておかなければならないテーマがある。

ブランド化である。

たとえば松阪牛とか但馬牛。

これらのブランド牛はビールを飲ませたり、朝晩マッサージをしたりして大切に育てられるらしいが。

その結果、サシがきれいに入った上等の肉になる。

A5ランクとかA8ランクとか、……知らんけど。

これまでのコオロギは野良だったがこれからのコオロギは養殖で育つ。

どういうふうにでも育てることができる。

おいしいものを食べさせ、エアコンの効いた環境で蝶よ花よと育てることができる。

先述の会社では米ぬかで育てていた。

ナニいってんだかわかんない
外国育ちの虫たち

コシヒカリ、ササニシキの米ぬかで育てるというのはどうか。

目指すはA5ランクのコオロギ。

いい食べ物を食べてこそいい味になる。いい出汁が出る。

それにはとにもかくにもいい餌。それと産地。

どこで獲《と》れたか。どこで育ったか。

「神戸牛」であれば神戸の近辺の牛でなければならず、「大間の鮪」であれば大間の近辺で捕れた鮪でなければならない。

「山形コオロギ」でいく。

ブランドというものは物語を少しずつ重ねていってブランドになる。

山形はコオロギの名産地である。

なーに、言ったもん勝ち。

食ってるものがコシヒカリ、ササニシキ……の糠。

糠だってただの糠ではなくブランド米の糠なんだかんな。

いいもん食ってんだかんな。

育ちだって山形なんだかんな。

でも、ここでわれわれは立ち止まらなければならない。

立ち止まって考えなければならない。

虫にだって、していいことと悪いことがあるのではないか。

虫だから何をしてもいい、ということにはならないのではないか。

コオロギを煮る、焼く、茹でる、炒める、煮つめて出汁を取る、ま、そこまでは仕方がないとしても「粉末」というのはどうしても心に引っかかる。

◉餅を寿ぐ

この正月、お餅を食べていて大発見をした。

食べ方がいつもと違ってゆっくりなのである。

気がつくと口の中のお餅をゆっくりゆっくりゆっくり噛んでいる。

そうだったのだ。

お餅はゆっくりゆっくりゆっくり噛むものだったのだ。

え？　そんなことが大発見？と言われれば、すぐにでも小発見と言い換えるに、やぶさかでありません。心の準備はできています。

噛む速度などというものは、普段気にしないものであるが、餅はそのことを気づかせてくれる。

餅を噛んでいれば、誰もが、あれ？　自分、いま、ゆっくり噛んでいるような気がする、うん、間違いない、と思う。

餅を大急ぎで噛んでいる人をあんまり見かけない。

アグアグアグと急速調で噛んでいる人はめったにいない。

餅は粘るので急速調は無理。

アレ?、
自分はいま
餅をゆっくりゆっくり
噛んでるぞ

歯にくっつくので、いったんそれを剝がすことになり、そこに少し手間どる。

それに、餅の場合、あれは〝噛む〟でいいのか。

どうも噛んでいる気がしない。

加圧している？　ひしゃげさせている？

餅はお米をペッタンペッタン搗《つ》いて作るが、それをもう一度口の中でペッタンペッタン搗いているような気分になる。

それでいいのだ。

お正月だもの。

口の中のお餅を噛んでい

ると、やがてこのものを飲み込むのだという気が起きない。

たとえばゴハンを噛んでいるとします。

そうすると、噛みながらも、いずれこのものを飲み込むことになるという意識がどこかにある。

餅の場合はそれがない。

全然ないわけではないが、噛んでるうちにそれを忘れる。

どうでもいいことになっていく。

食べ物を噛むという行為は、そのものを分断して破砕し、消化、吸収の手助けとなすわけであるが、餅を噛んでいるとそういう本来の目的が頭から離れる。

餅をゆっくり噛むことによって日常の瑣事を全部忘れる。

目出度いことじゃないですか。

餅の周辺はすべてにおいて穏やかである。

すべてにおいてのんびりしている。

その周辺すべてのどか。

手に持てばヤワヤワと柔らかく、口に入れればゆるゆると緩《ゆる》む。

正月に餅という風習は、五穀豊穣を祝うという意義のほかに、こうしたのんびりした正月気分の醸成にも役立っている。

とにかく目出度い。

とにかく喜ばしい。

と、みんなが新年を寿《ことほ》いでいるときにこういう不吉なことを言うのは気がひけるのだが、正月の餅には鏡餅というものもあります。

丸くて二段重ねで、正月飾りには欠かすことのできない目出度い神様へのお供え。

その目出度かるべき鏡餅がなぜ不吉なのか。

順を追って話そう。

順を追って話せば誰もがそういうことだったのか、と、安堵の胸をなでおろすと同時に、自分、悪かった、すまなかった、と、頭《こうべ》を垂れることになる。

鏡餅は正月のあいだ何をしているか?

実は何もしていないのです。

ただ、じっとしているだけ。

少しも動くことなく置かれた場所でじーっとしている。

鏡開きは1月の11日に行われることが多いので10日以上、じーっとしている。

みんな気がつかないかもしれないが、これはとっても辛いことなのです。

10日以上、誰かに話しかけられることもなく、撫でられることもなく、ただ放っておかれる。

そうしていよいよ11日、いよいよ解放、自由の身、ワーイと喜んだのも束の間、ごくろうさんの一言もなくいきなり金づちでぶんなぐられる。

何回も何回も殴打される。

本来は刃物で切断されるものなのだが、正月そうそう刃物は縁起がわるいということで金づちが用いられる。

いいのか、こういう仕打ちをして。

おかきは
鏡餅の成れの果て
である
成れの果て

人間的にも許されることなのか。

鏡開きは目出度い行事と言われているが、餅を金づちでぶんなぐることが目出度いことなのか。

と言いつつ、

「おかきっておいしいんだよね」

とも言いたい。

鏡餅を殴打して細片にしたあと、その細片に醤油をつけて炙《あぶ》ったものがおかきである。

これがおいしい。

餅を焼いて食べるとおいしいが、その餅にお醤油をつけて食べると更においしい。

そのお醤油をつけて更においしくなったお餅を火で炙るともっとおいしい。

総じてお醤油の焦げる匂いは全人類に好まれる匂いだと言われている。

おかきはすでに醤油の焦げた匂いを身にまとっている。

誰にも好まれ、誰にも好まれる要素を生まれながらに身につけている。

ただ見映えがよくない。

あんなに白くてスベスベしていて艶々していた肌が今やゴツゴツ、ザラザラ、焦げ茶色。

過去は問うまい。

元暴走族だが、今はすっかり更生して会社の社長として立派にやっている人も大勢いる。

おかきは元を正せば餅である。

生まれも育ちも上流階級。

途中、ちょっとグレたが人生にはよくあること。

温かい目で見てあげようではありませんか。

◉夢の駅弁大会いまここに

ことしも恒例「元祖有名駅弁と全国うまいもの大会」がやってきた。

ぼくにとっては、待ちに待った新年初頭の最大の祭典。

これまですでに10回以上会場に駆けつけてきたのだが、寄る年波、あの人混みと喧騒に耐えきれなくなって今年は在宅参加。

どうやって在宅で参加するか。

チラシ参加。

全国駅弁大会のときは、必ず新聞にチラシが折り込まれる。

このチラシが豪華、絢爛。

新聞紙大の紙面に八十数個の駅弁がズラズラズラズラ。

偉容、壮観。

古豪、中堅、新参加が、どーだ！　これでもか！とばかりに居並んでいて眼福とはまさにこのこと。

どれどれ？

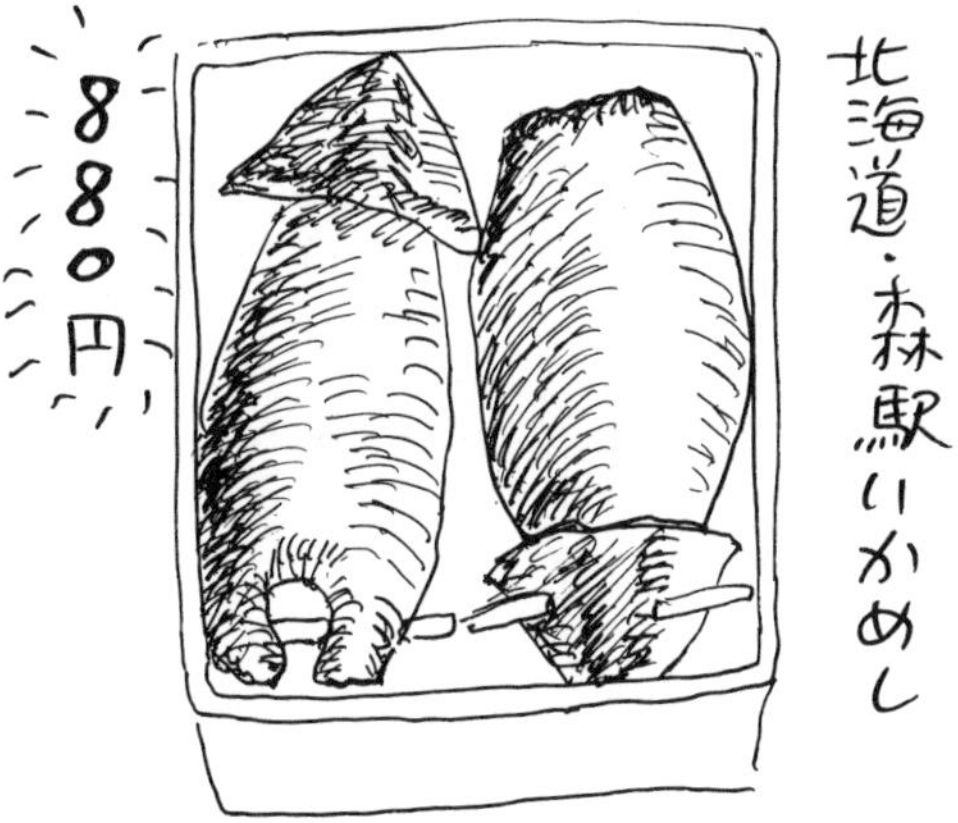

この「どれどれ」のときの心境は筆舌に尽くせません。

相好を崩すなんてものじゃありません。

相好総崩れ、大崩壊。

とりあえず大チラシの冒頭を見てみましょう。

紙面にデカデカの「元祖有名駅弁」の写真と共に、「常陸牛のロースステーキとローストビーフ贅沢盛り弁当・2600円・茨城県・常磐線・水戸駅・実演・初登場・各日500食販売予定」と長大な説明文。

写真のほうを見てみる。

でかい弁当箱の表面一面に溢れんばかりの常陸牛のステーキらしきものが敷きつめてあり、これだけでも贅沢の極み、と思っていると、その横っちょのところに常陸牛のローストビーフらしき肉を渦巻き状に巻いて立ち上げてある。

肉が盛り上がって立ち上がっているのです。

「どーだ、まいったか！」

駅弁が2600円、高《た》けーな、と思った人もこれで納得。

12345……と、弁当一面に敷いてあるステーキの枚数を数え、ヒャー、5枚も！と感激し、お、ここにももう2枚！　まてよ、この2枚はよくよく見ればローストビーフの一部かな、と検討し、まだ冒頭なのに、この一品に費やした時間がすでに3分。

なにしろ全弁当80以上。

一日仕事になるかもしれない。

いや、二日かかるかもしれない、と嬉しい悲鳴。

「しかし……」

と、ここで少し冷静になる。

いざ、この弁当を食べようとすると最初の一口がむずかしそうだ。

「表面いっぱいの肉を退《ど》けないとゴハンが食べられないではないか」

たしかに……。

「その退けた肉をどこに置けばいいのか」

たしかに置くところがない。

「どーする気だ」

ついさっき、嬉しい悲鳴をあげたばかりなのに急に苦言、難詰。

「かといって、そのための隙間をつくったんじゃ、どーだ、まいったかにならなくなるわけだし」

「常陸牛の贅沢盛り弁当」
肉が立ち上がっている！

と考え込む。

この調子でいくと一日仕事では収まりそうにないので次に移ることにする。

80品目ズラーを見渡す。

おっ、古豪発見！

「北海道・函館本線・森駅・いかめし」

いてくれたか、旧友再会。

と喜んだのはいいが、値段が880円。

昔はずうっと500円台だったはず。

旧友はいつのまにか出世していたのだった。

おっ、信越本線・横川駅の「峠の釜めし」（1200

円）も健在。

ぼくが贔屓にしている山陽本線・西明石駅の「ひっぱりだこ飯」も健闘。

駅弁大会の（初登場）も物珍しくていいが、こうした古豪の健闘ぶりも頼もしい。

それにしても最近の駅弁は「これでもか」ものが多い。

弁当の表面を牛肉なら牛肉で、イクラならイクラで、これでもかと覆いつくす。

覆いつくしてゴハンが見えない。

弁当というものは、箱の半分がおかず、もう半分が白いゴハン、そしてそのまん中に梅干しという構成であってこそ弁当弁当するものではなかったか。

と思いつつ見ていくと、ありました。

東海道本線・神戸駅「むかしの驛辨當」。

弁当箱の半分にカマボコ、卵焼き、レンコン、コンニャク、鮭の切り身、そしてもう半分が白いゴハン、梅干し、タクアン一切れ。

ナツカシー。

そして「驛辨當」という昔の漢字。

「驛」という字、「辨」という字、「當」という字、一つ一つナツカシー。

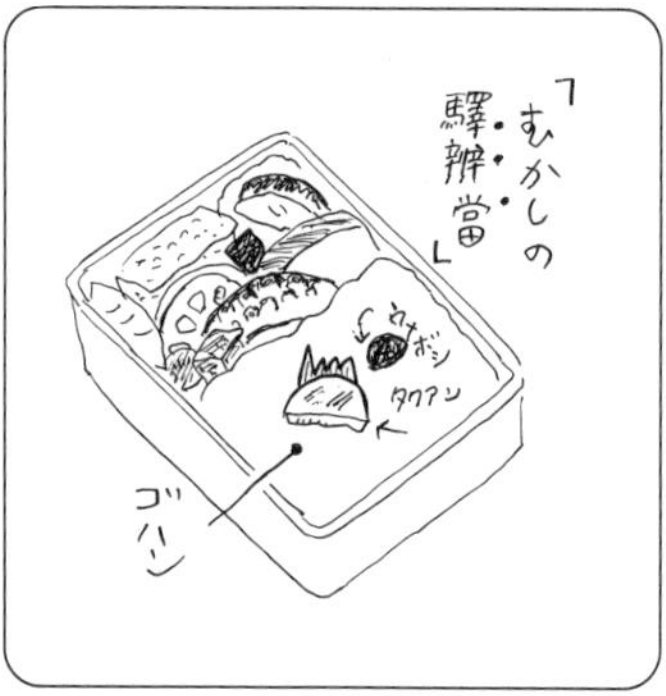

驚いたことに、この八十数個の弁当の中で、白いゴハンが見えるのはこれと新大阪駅の「八角弁当」などの三つだけ。

駅弁はいまやゴハンが見えない時代になっていたのだ。

ゴハン受難の時代になっていた。

ゴハンはどんな時代でも食事の主役だったはず。

おかずは食事の脇役だったはず。

そのゴハンがおかずの下敷き。

主客転倒弁当。

もともと駅弁というものは、外の景色を眺めつつ、ゴハンをつつきつつ、おかずをつつきつつのんびり食べるものではなかったのか。

山盛りの牛肉に夢中になりつつむさぼり食うものではなかったはず。

でもこの牛肉が盛り上がった「贅沢盛り弁当」も、これはこれでわるくないな。

◉かつ丼の弱み

日本には「三大もの」という考え方が根付いている。
大物を三でくくる。
三種の神器から始まって日本三景、徳川御三家、三賢人、三冠王、三大夜景……。
三という数字だけかと思って安心していると意外なところに三が潜《ひそ》んでいたりする。
万歳は三唱と決まっている。
胴上げも三回。
御焼香も三回が多い。
普段は気がつかないが数えてみたら三というのもある。
巨人大鵬卵焼き。
天地人。
安本丹《あんぽんたん》。
長嶋の背番号が三、三塁手、打順が三番。
食べ物にも三大ものがあった。

三大丼。

天丼、かつ丼、親子丼。

異論はあると思うがこの三つをもって三大丼となす。

エ？　じゃあ鰻丼はどうなる？　値段いちばん高いぞ。

牛丼はどうなる？　大衆の人気ばつぐんだぞ。

ということになるが、ここはひとつ、伝統とか、日本古来の、とか、お蕎麦屋さんが出前をするとすれば、とか、そういう前提をもってすればどうしたってこの三つにならざるをえないので、ここのところはこらえてつかあさい。

最近、かつて全盛を誇った丼物の地位が危ない。

丼ではなく重を名乗る輩が多くなってきた。

天重、かつ重が幅を利かすようになってきているがぼくは断然丼を推す。丼推し。

だって響きがいいじゃないですか、ドンというのは。

「ドンと来い！」のドン。

重のほうのジューは、花火を消すために水にひたしたときのジューで、物事の終焉を意味していて縁起がわるい。

ここで当然のことながら、天丼、かつ丼、親子丼の三つのうちどれが一番偉いか、が問題になってくる。

御三家だって徳川御三家の場合は尾張、紀伊、水戸とそれぞれ順位がある。

世間的に見れば、その偉容、重量感、頼もしさから言って当然かつ丼ということになるのだが、残念ながらかつ丼はトップになれない宿命を背負っている。

ここで三大丼の名前を改めて思い出してみよう。

天丼、親子丼、かつ丼。

何か気がつきませんでしたか。

そうです、かつ丼だけが平仮名。

普段われわれが「かつ丼」と言っている場合は何の問題もない。

だが、もし、これをひとたび公文書に記載することになった場合はどうなるか。

人々はどういう印象を持つか。

天丼、親子丼、かつ丼。

なぜかつ丼だけ平仮名なのか。

日本の事情にくわしくない外国人は特にそう思うはず。

漢字にできない何か深い事情があるにちがいない。

いずれにしても、天丼や親子丼と同等ではない、という印象を持ったとしても誰もそのことを責めることはできない。

かつ丼が、ひとたびグローバル化の波に立ち向かったとき、かつ丼の立場はまことに不利である、という結論に達せざるをえない。

丼物御三家のうちの一家としてのかつ丼にはもう一つ問題点があることをここで指摘しておきたい。

それはツユの問題である。

丼物の魅力の一つに「ツユにまみれた辺りのゴハンの

おいしさ」がある。

特に天丼。

天丼は揚げたての天ぷらをゴハンの上にのせ、その上から天つゆをかけて出来上がる。

天つゆは天ぷらからしたたり落ちてゴハンにも沁みこむ。

この〝天つゆのよく沁みこんだ辺りのゴハン〟も天丼の大きな魅力の一つである。

この、天つゆの沁みこんだゴハン辺りは、地層的に三段階に分かれる。
①ツユがうんと沁みこんだ辺りゴハン。

②ツユがそれほどでもなく沁みこんだ辺りゴハン。
③ツユが全然沁みこまない白いゴハン。
天丼を食べるとき、われわれは自分では気がつかないがちゃんとこの三層を食べ分けている。

あるときは①を。またあるときは②を。

そしてあるときは③をお新香と共に。

天ぷら自体も楽しいが、このゴハンの部の食べ分けも天丼の楽しさである。

次の一口は海老を少しだけ齧って、その分①を多めに食べよう。

その次の一口は②を多めに口に入れて海老を目一杯多めに齧ろう。

本体の海老には手をつけずに①を口一杯頬ばって食べるという手もある。

これはこれでまたおいしい一口である。

かつ丼はどうか。

かつ丼は豚肉を油で揚げてとんかつを作り、砂糖と味りんと醤油を入れた出し汁で玉ねぎと卵といっしょに少し煮て作る。

なので、ゴハンに沁みこむツユは少ししかできない。

つまり「ツユの沁みた辺りゴハン」のおいしさはあまり期待できない。これが丼物としてのかつ丼の弱点である。

丼物としてのこの弱点にいち早く気付いたのが牛丼である。

ツユダクの制度がこれにあたる。

かつ丼もこのへんでダクの制度を取り入れるというのはどうか。卵を三個とか四個とかにする。

タマダク。

そうするとかつ丼は豚と鶏の子供の丼ということになって新しいネーミングを考えなければならなくなる。

客はこう注文する。

「豚と鶏の親子丼！」

◉ストロージルジルで人物鑑定

最近気がついたのだが、岸田首相の歩き方、業績のわりに偉そうに歩いてるように見えませんか。

業績のわりに、というところがポイントです。

肩で風を切る、というのとも少し違って、わざとらしく肩を左右に振って、やや前のめりになりながら勢いをつけて歩く。

会社でも、ヒラのくせに廊下を偉そうに歩いている人がよくいるがそれに似ていなくもない、ような気がしないでもない。

肩を左右に振るところは、まあ、いいとして〝前のめりに勢いをつけて〟というところに問題がある。

セカセカしている感じに映る。

どんな分野の人物でもそうだが、大物はセカセカしない。

セカセカ動きまわる殿様というのは聞いたことがない。

このところ日本は首相に恵まれていないのではないか。

総じて不作である。

農作物でいうと、出来がわるい。

首相という地位は、仮にも一国のリーダーであるから、国民としてはそれ相応の人物であって欲しい。

風格、押し出し、見映え、いずれもそれなりであって欲しい。

誰とは言わないが見すぼらしい首相は困る。

今は映《ば》えの時代であるから見映えも大切である。

外に出しても恥ずかしくない首相であって欲しい。

外に出してみっともない

のは困る。

これはずいぶん昔の話だが、主要国首脳会議で食事の場面があって、その時、日本の首相がスープをジルジル音をたてて啜っている場面がテレビに映った。

あれから幾星霜。

さすがにスープをジルジル啜る首相はいなくなったが、ここへきて別のジルジル問題が発生している。

ストロー付き飲料というものがありますね。

乳酸菌飲料とかの。

コンビニの棚にズラーッと並んでいてぼくもしょっちゅう利用しています。

容量もちょうどよくて、容器の背中にストローが貼りついている。

このストローを突き刺してチューチュー啜っているぶんには何の問題もない。

まことに快適。

問題は最終段階。

突如、襲いくるジルジル期。

あれはもう本当に突如。

油断しているというわけではないのだが、でも、やっぱり油断しているのかなあ、気がついたときにはもうジルジルいってる。

もう何回も何回も経験しているのだから知らないはずはないのだが……。

やっぱりこういうことなのかなあ、つまり、チューチュー飲んでいるとき、ジルジル期はもうちょっと先、まだ大丈夫、警戒はもうひとチューしてから、と思ってもうひとチューしたとたんジルッ、アレッ?と思いつつも勢い余ってジルジルッ。

何回やってもこうなる。

特に紙箱入りが厄介。

紙箱入りは底の四隅《よすみ》が気になる。

四隅にどうしても飲料が残りがち。

それが気になって気になって、箱をナナメにしてジルッ、でもまだもう少し残っているはず、ジルッ、ジルジル……ジルッ、ナニクソ、ジルッ。

いつのまにか夢中になって啜っている。

ここまでやればもう一滴も残っていないはず、と、いったん箱をテーブルの上に置いたあと、更にもう一回、手が箱にのびて、ジルッ、ジルジルッ、意外に2ジルぐらい残っていて、そのあと、スー、スー。

スースーまでくれば大抵の人はもはやこれまでと諦め

る。

　ところがこの人（ぼくです）はまだ諦めない。

「もしかしたら……」

と思う。

　もしかしたら、二段式になっているストローが、あちこち突《つっ》いたために二段目が一段目に押しこまれたのではないか。

　そのために長さが足りなくなり、ストローの先端が箱の隅まで届かなくてスースーいってるのではないか。

　ストローを箱から引き抜く。

　長さを確かめるために両端を持って引っぱってみる。

　短くなってなかった。

　念のため更にもう一回引っぱったあと再び刺しこんで吸ってみるとやはりスースー。

　まちがいなくスースー。

　嘆きと無念と虚しさを胸に秘めてようやく空箱をくずかごに捨てる。

　もし、です。

ぼくのこの一連の行動の一部始終を誰かが見ていたとしたらどう思うでしょうか。

大人物だと思うでしょうか。

もし一国の首相がこういうことをしたら国民はどう思うでしょうか。

一国の首相が箱入りジュースをストローでチューチュー啜るなんてことはありえないじゃないか、という人は多いと思う。

だからこそ、これをやってもらうのです。

やってもらって全国民がそれを見る。

首相が大臣を決めるとき〝身体検査〟というものをやる。

大臣にふさわしい人物かどうか。

それと同じく国民による首相の身体検査。

首相が箱入り飲料を背中丸めてストローでチューチュー啜る。

その姿が様《さま》になってる、とてもよく似合う、ということであれば、首相失格。

まるっきり似合わない、ということであればとりあえず、やらせてみっか、というのはどうでしょうか。

◉宅呑みの悦楽

コロナ以前はもっぱら居酒屋で呑んでいた。
そうしたらコロナになった。
8時で閉店ということになった。
「オイオイ、それはないぜ。8時閉店じゃわしらどうにもならんがな」
ということになった。
その結果わしらはどうなったか。
自宅で呑む宅呑みということになった。
宅呑みになって早くも3年。
宅呑みを3年やってみると、
「宅呑みもこれでなかなかよか」
ということになった。
実際によかなのである。
どういうふうに「よか」なのか。

ちょっと
風呂に行って
くるので
このままにしといて
よかですか？
よかです
よかです

宅呑みのつまみはすべてコンビニで調達できることがわかった。

居酒屋呑みの場合は、とりあえずということで枝豆からスタートすることが多い。

ぼくの場合で言うと、まず枝豆、焼き鳥、モツ煮込み、鯵フライ、ポテサラという順序になるのだが、これら全部コンビニの棚に並んでいる。

そのあと、きんぴら牛蒡（128円）とか、切り干し大根煮（128円）とか、ひじき煮（128円）などの、いわゆるおやじが懐かしがる三大おふくろ系つまみもちゃんと並んでいる。

呑んだあとのシメとしてのウドン、ラーメン、おにぎりもズラリ。

おにぎりに至ってはよりどりみどり。

もちろん、主役の缶ビール、酎ハイ、ハイボールは棚にごっそり、選び放題。

そうしてここで力説したいのは宅呑み、コンビニ呑みの最大の魅力は断じて値段が安いということ。

断じて、などとつい力んでしまったが、先述のひじき煮などの値段と、居酒屋でもしあれらを食べた場合の値段を比べてみたまえ。

みたまえ、などと、またしても力んでしまったが、この値段でいくならばセンベロなどいとも簡単、ゴヒャクエンベロも不可能ではない。

これら居酒屋系メニュー兼宅呑みメニューをコンビニ袋いっぱいに詰めてイソイソと自宅に持って帰ってテーブルに並べる。

ここからがちょっと面倒。

居酒屋だと、これらの名前を一つ一つ店員に告げればあとは座って待っていればいいのだが、宅呑みはそうはいかない。

冷凍ものはレンジでチン。

袋もの（お新香系）はハサミで切ったり、倒れないように何かに立てかけたり（倒れるんです、袋ものは)、立ったり座ったり、レンジのところまで出かけて行ったり戻ってきたり。

そこのところが面倒だナ、と思うこともある。

そういうときはぼくはいつもヒロシのことを思うようにしている。

ソロキャンプのヒロシです。

ヒロシは常に忙しい。

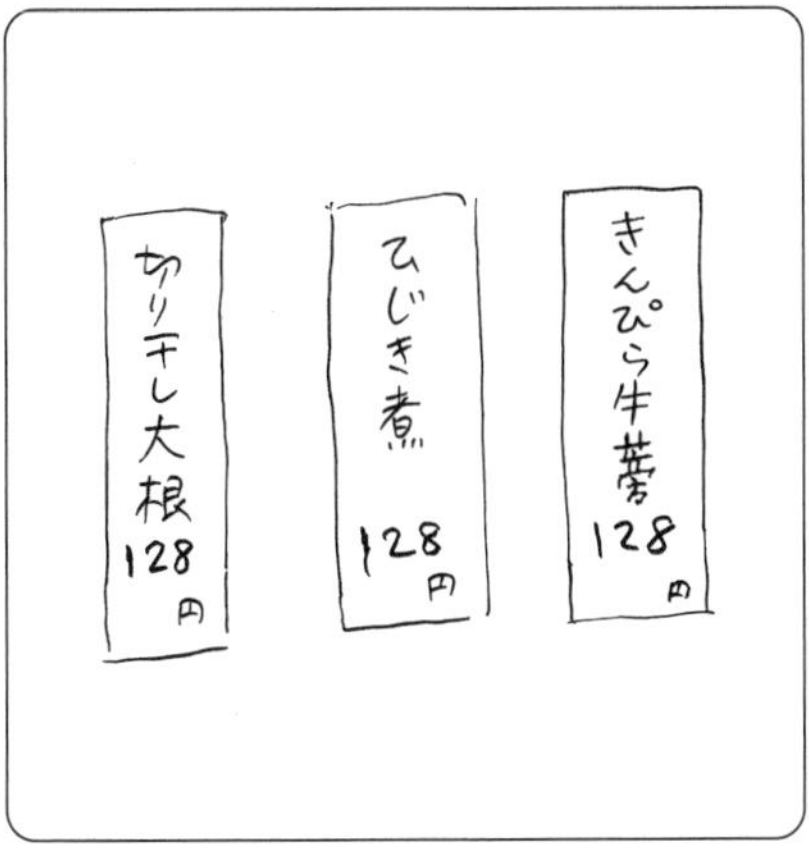
きんぴら牛蒡 128円
ひじき煮 128円
切り干し大根 128円

なにしろ焚き木を拾い集めるところから始めなければならない。

苦心惨憺して火をおこし、じゃが芋の皮を剝き、刻み、調味料で味をつけなければならない。

ヒロシのソロキャンプは見ているぶんには面白いが自分でやるのはごめんだね。

電子レンジあってこその宅呑みだなあ、と思いつつ、大型テレビの前のソファに大股拡げてドッカ。

缶ビールをプシッ、ゴクゴク、プハー。

宅呑みのダイゴミは〝大股拡げて大型テレビの前のソファにドッカ〟にある。

居酒屋ではこれは無理。

宅呑みはこうしたダイゴミが次から次へといっぱいある。

これから述べるダイゴミは、「そのダイゴミばかりは居酒屋で実行するのはムリだナ」と思わせるダイゴミの決定版です。

それはこうです。

缶ビールを2本、缶酎ハイを1本呑んだあたりで急に立ち上がる。

立ち上がって全部脱いじゃう。

パンツも脱いで全裸。

何をするかというと風呂にザブン。

アゴのところまで湯につかってホゲホゲ。

ホゲホゲしたらソファに戻って再び大股拡げてドッカ。しかも今度は全裸のまま。

宴の途中で風呂に入るという呑み方でさえなかなか出来ないのに、大股拡げてノーパン呑み。

こればっかりは宅呑みでしかできない。

たとえば居酒屋で呑んでいて、「これからちょっと銭湯に行ってくるのでテーブルの上はこのままにしておいて」

と言って、

「ドーゾ、ドーゾ」

ということにはならない。

まして居酒屋で全裸でノーパン、ということになるとますますむずかしくなると思う。

宅呑みならいとも簡単。

「そっかー。何だか楽しそうだなー」

と思った人はすぐさま実行をおすすめしたい。

この呑み方は家に家族がいるとちょっと無理だが、ぼくの場合は仕事部屋に泊まりこみということがしょっちゅうあるのでしょっちゅうやっている。

定年後の夫婦二人っきりで、妻は今夜友人とレストランでディナーなんてときがチャンス。

それでは早速実行にとりかかることにしましょう。

とりあえずコンビニへ行って酒とつまみを調達。

最初はビールをグイーッ。

頃合いを見て全裸。

入浴。

出てきてそのまま大股拡げてノーパン呑み。

あ、無理に大股は拡げなくてもいいですよ。

◉ココ一番のココイチ

カレーライスは早い話がぶっかけ飯《めし》である。

ゴハンに味噌汁をぶっかけて食べるのをぶっかけ飯というがそのたぐい。

ぶっかけ飯はゴハンに味噌汁をぶっかけて食べる。

カレーライスはゴハンにカレー汁《じる》をぶっかけて食べる。

遅い話が両者には共通点があることがわかった。

両者にはもう一つ共通点があった。

ゴハンに味噌汁をかけて食べる場合、味噌汁の中の具、たとえば大根とかじゃが芋をいちいち確かめながらかける人はいない。

カレーライスの場合も、すくったカレー汁の中の具、たとえばじゃが芋とか人参とかをいちいち確かめながらライスにかけたりしない。

両者とも具は無視される。

実際は有るのに無いことにされる。

不憫ではないか。

ここのところに気がついたのがココイチであった。

通称ココイチ、その実体は「ＣｏＣｏ壱番屋」。

ココイチの店の入口のところには20種以上のメニューの写真がズラリと並んでいて、そのどの写真にも具がありありと写っている。

ふつうの店のカレーライスの写真の場合は、具はルーの中に埋もれていてその実体ははっきりしない。

ココイチのメニューの写真には、どれもこれも具がはっきり写っている。

ソーセージカレーの場合

は4本のウィンナソーセージがはっきり見えるようにルーから出てライスの上に並べてある。

イカカレーの場合はリング状のイカが8個、そのうちの5個はルーから全身を脱出させてライスの上に載せ、あとの3個は下半身はルーに浸りつつも上半身は辛くもそこから身をのり出して脱出を試みている。

栄光への脱出。

なすカレーの場合はタテに切ったナスが6本、足の先をわずかにルーに浸しているとはいえ、全身の大部分を陸（ライス）に上陸させ、その光景はさながらたった今、息もたえだえに陸上に這い上がったばかりのトカゲの様相を呈している。

そうしたメニューのいずれにもココイチのオーナーの、

「具を何とかしてやりたい」

という親心を感じるのはぼくだけであろうか。

わが仕事部屋のある西荻窪のすぐそばにもココイチがある。

歩いて3分という距離なのでサンダル履きでズルベタ歩いて出かけて行った。

かねてより、ココイチの注文のややこしさは聞いていた。

ラーメン二郎以上だという噂を耳にしたこともある。

まずポーク、ビーフ、ハッシュドビーフ等の種類を選ぶ、らしい。

次にライスの量。３００gが基本でその前後50gずつ変動していく、らしい。

辛さも選ばなくてはならない。

辛さは1から10まで10段階あって、それぞれを〝二郎的暗号〟で言うらしい。

そう聞いていたのでおびえてイスに座るのもビクビク、オタオタ。

店内に客はぼく一人。

目の前のメニューをドギマギしながら取り上げる。

大きなメニュー一杯に膨大なメニューがズラズラ。

目がクラクラッ。

いざとなったら写真の一つを指さして、

「コレッ！」

と叫べばいい、と思ったものの、そのあと例の〝二郎の呪文〟が待ちうけていると思うと心は乱れに乱れヘドモドとなる。

検討しつつも目はウツロ、心はドギマギ。

注文するものが決まった。

イカのリング揚げ・小海老・あさりが入った「海の幸カレー」。

そうと決まればあとは簡単。

該当する写真を指でさしつつ、

「これッ、ゴハン普通！　辛さ普通！」

と叫べばよいわけだ。

そう決めて叫ぼうとしたその時、ドアが開いてサラリーマン風の青年が入ってきた。

その青年はぼくの隣のイスに座るやいなやカバンの中からパソコンをスバヤク取り出し、スバヤク何事か打ち始め、いかにもテキパキという印象の青年であった。

何をするにしても、テキとパキを念頭において行動する青年であるらしかった。

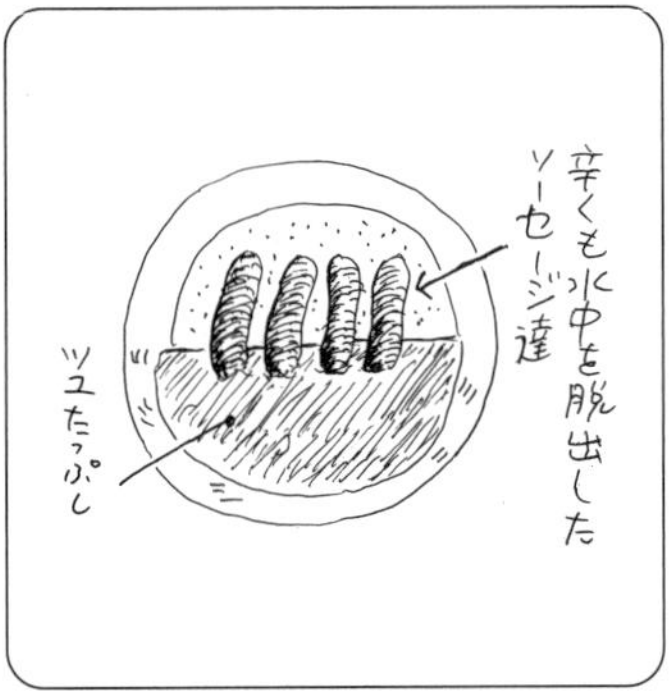
辛くも水中を脱出したソーセージ達
ツユたっぷし

一方、こちらは何をするにしても、ズルとベタ、ヘドとモド、ドギとマギを信条とするわけではないがそうなってしまうズルベタ老人である。

テキパキ青年対ズルベタ老人。

対決というわけではないが、店内は結果的にはそういうことになった。

店員の「何になさいますか」に対し、青年は、

「ポーク、ゴカラ、キホン」

とスバヤク答えるのであった。

ポークとキホン（ゴハンの量）はわかるにしても、ゴカラ？

後でわかったのだが「5辛」であった。

やられた！と思った。

対決に敗れたのである。

敗散の恥辱にまみれつつ到着した「海の幸カレー」を食べる。

敗散の身ではあったが「海の幸カレー」は美味であった。

ココイチのカレーは、どのメニューもカレーの汁がたっぷりしている。わたくしは長年にわたってカレー屋のカレー汁が不足がちであることを世に訴えてきた。他の店の二倍はある。

これだけでも大満足なのに、どの具達も全員が陸上に這い上がり、全員がヤレヤレと嬉しそうにしているので、その喜びを共に喜びながら食べる。

ココイチのカレーのおいしさは、まさにここにあるのだ。

◉中華マンの七不思議

コンビニで買い物をするとき、〝楽しい買い物〟と〝楽しくない買い物〟がある。

トイレットペーパーは買うとき楽しくない。

楽しくない買い物の代表である。

中華マンは楽しい。

楽しい買い物の代表である。

コンビニであれこれ買い物をしてカゴを提げてレジに並ぶ。

最近はコンビニも人手不足で店員が足りず3〜4人が並んでいることが多い。

5人目に並んで自分の順番を待つ。

そうすると、レジの右側のところ（ぼくが行くコンビニの場合）に、中華マンのケースがあって、湯気で曇ったケースの中に大勢の肉マン達がヌクヌクしている。

みんな同じ大きさで、同じ顔付きで、みんなプクプク膨らんで、上段、中段、下段に居並んでいる。

群れている。

「いた！」

と嬉しい。

あと二人で自分の番。

一歩前進。

右側から湯気、いー匂い。

買おうか、買うまいか、早くも迷い始める。

結論に至る時間は短い。

買う！

肉マンか餡マンか？　早くも検討に入っている。

「両方！」

という手もある。

「何個？」

と、次なるテーマが次々に提起される。

一個というのはみっとも

ないのでとりあえず複数個。
だとすると、肉マン②餡マン②？
いや、肉マン③餡マン①？
いや、④個ぜんぶ肉マン。
どうしても肉マン優勢。
いつだって餡マン劣勢。
いや、だからさあ、今日は、せめて一個だけ餡マンを入れようよ。
ぼくの前の人のレジ終了。
一歩前進。いよいよ。
全容、いまだ解決せず。
焦る。
レジの人、品物を一つずつレジに押しつけている。
「中華マンも！」
と申し出るなら今！
だけど、まだ全容が決まっていない。
そうして、結局のところ「肉マン③餡マン①」ということになる。
いつだってこの妥協案になる。

コンビニで買い物をするとき、毎回毎回、この「肉マン問題」が起きる。

必ず起きる。

必ず起きて、結論はいつも「肉マン③餡マン①」に落ちつく。

だったら、コンビニに行くときは、前もって、

「中華マンは買う！」

と決めておけばいいのだ。

そして、

「その内容は『肉マン③餡マン①』」

と、きっぱり決めておけばいいのだ。

なのに、毎回毎回、いつだって自分の番が前から2番目で、前の人のレジが始まってから迷い始める。

エート、買うか買わないか、買うとしたら肉マンか餡マンか、何個か？　何個ずつか？

自分でも歯痒いと思う。

思っているのに、それでも毎回毎回こうなる。

これが世にいう「中華マンの七不思議」というものなのか。

中華マンには人を引きつける何かがある。

見れば、ただ丸くて、ただ白くて、ただフカフカしているだけだ。エ?愛嬌がある?

どこに愛嬌があるんだ?という人がいるかもしれないが、あります、愛嬌。

ということはどこかニコニコしているところがあるということになるのだが、中華マンはニコニコしているか?ということになるが、ニコニコしてます、特に肉マン(ファンなので)。

そしてほのかな温もり。そしてフカフカ、ヤワヤワの手触り。そして、しっとり。

中華マンは本来は食べ物なのだが、手に持つだけでも心地がいい。

だから、ぼくなんぞは買って帰ったらすぐには食べず、袋から取り出したらまず手に持って頬っぺたに押しつけます。

温《あ》ったかくて気持ちいい。しっとりして気持ちいい。

2個あれば両手に持って両頬に押し当てる。二倍気持ちいい。

そうやってから食べる。

大きくて、フワフワしていて、しっとりしたこのものを手に持って口のところに持っていく。

大きく大きく口を開ける。

すぐには嚙まず、口の中に半分だけ押し込んでしばらくそのままじっとしている。

このひとときがいい。
このひとときが好き。
目を閉じて何も見えず
嬉しくて目を開ければ
ああ、いつの日か、口の中で砕け散る
運命の肉マンよー
静かに聞こえてくる聞きおぼえのあるメロデー。
口を開けたままそのメロデーを頭の中だけで口ずさむ。
なにしろ口が塞《ふさ》がっているので歌おうにも声が出ない。
そのあとようやく噛む。
肉マンだと様々な具が口の中で様々に噛まれる。豚の挽き肉らしきが、干し椎茸らしきが、竹の子らしきが様々に噛まれ、様々な味となって口の中で踊る。
そうやって噛んだものを飲み込んだあと、どういうわけか自分が噛んだ肉マンの噛み跡を見る。見るともなく見る。
見たってそこが特にどうこうなっているわけでもないのに見る。
そのあたり、やっぱり中華マンの七不思議の一つと考えざるをえない。

◉無声映画甦る？

友人と二人でラーメン屋に入る。
ラーメンが来て麺を一口すする。
とてもおいしい。
「おっ、おいしい！」
と声が出る。
よくある光景である。
じゃあ、こういうのはどうか。
一人でラーメン屋に入る。
今度は「一人で」です。
ラーメンが来て麺を一口すする。
とてもおいしい。
「おっ、おいしい！」
と声に出して言う。

俺は歩きながらメニューを考えるタチなので
俺は歩きながらメニューを考えるタチなので

これはヘンだ。

ふつう、一人の場合は心の中で「おっ、おいしい！」と思っても声には出さない。黙って食べて黙って思って黙っている。

さっきの人（一人でラーメン屋に入った人）が、まだ何かブツブツ言っているので聞いてみましょう。

「麺が太麺なのにスープによくからんでいる」

「なぜかというと、スープが濃厚なのと、それに麺がねじれていてそこにスープがまとわりつくわけです」

こうなってくるとますま

すヘン。

一人でラーメン屋にやってきて一人で食べながら一人で解説までしている。

テレビ番組の「孤独のグルメ」はこういうことで成り立っている。

ヘンな仕組みで成立している。

なのに誰もヘンだと思わない。

ヘンだと思わないのがすでにヘンなのに誰もヘンだと思わないところがヘンである。

「だからァ、あれは井之頭五郎が心に思っていることを音声化して、それが聞こえてくるという仕組みであって、実際にはしゃべっているということではなくて……」

と言い訳する人もいると思うが、

「じゃあ聞くが、テレビの画面から実際に聞こえてくるあの『おいしい！』という声はあれは何なんだ？　エ？　どうなんだ？　そこんとこは？」

ということにならざるをえない。落ちついて考えてみると、あの番組は常識ではありえないことばかりで成り立っている。

もしですよ、誰かが井之頭五郎の真似をしてですよ、実際に一人でラーメン屋に行ってですよ、一人でラーメンを食べながら、

「わたくしはもともとチャーシューが大好きなんだが、このチャーシューの、ホラ、ここんとこ、この白い脂身（と指さす）、たまんないです」

などと始めたらどうなると思います?

店員はギョッとして立ち止まり、走って厨房に駆け込み、ややあってその厨房から二、三人の顔が突き出るという事態になる。

昔、無声映画というものがあった。

映画の初期、テープに音声を組みこめない時代（チャップリンの時代）、活動弁士という職業があった。

映画のストーリーや俳優のセリフを活動弁士が自分でしゃべって説明する。

俳優の心の中も弁士が代弁する。

「孤独のグルメ」の仕組みは、まさに無声映画の仕組みと同じだったのだ。

無声映画の場合は俳優の声を活動弁士が代弁する。

「孤独のグルメ」の場合は井之頭五郎の心の中を井之頭五郎自身が自分の声でしゃべるわけであるが、声として聞こえてくるのは松重豊という人の声で、ということは井之頭五郎の声を松重豊という人が代弁しているということになるわけで、こうなってくると番組を観ている人の頭の中はかなり混乱するはずなのだが全然混乱しないという不思議な仕組みで「孤独のグルメ」は出来ている。

そしてまた、この仕組みがこの番組の不思議な魅力となっている。観ている人は、

「ウーム、なるほど。自分もあんなふうに食事をすると面白いかもしんない」

と思うようになる。

そうなってくるとこんなふうになる。

自分は今、街を歩いている。

昼めしどきなので腹が減っている。

「昼めしどきなので腹が減っている」

と声に出して言う。

一軒のカレーの店の前で立ち止まる。

（オヤ、こんなところにカレーの店ができたんだ）

そう思ったので、

「オヤ、こんなところにカレーの店ができたんだ」

と声に出して言う。

（入ってみるか）

と思ったので、

「入ってみるか」

と声に出して言う。

やってみるとなかなか楽しい。

気分、上々。

店のつくりがちょっとしたカフェ風でしゃれている。

「店のつくりがちょっとしたカフェ風でしゃれている」

と声に出して言う。

メニューを見る。

「スープカレー」というコーナーがある。

(いいじゃないか！　スープカレー)

もともとスープカレーは好きだったので、

「もともとスープカレーが好きだったので『いいじゃないか』と思った」

と少し翻訳して声に出す。

これがネットで評判になり、みんなが真似をするようになる。

そうなってくると飲食店は大変な騒ぎになる。

あっちのテーブルでチャーシューがどうのこうの、こっちのカウンターでトンカツの脂身があーだ、こーだ、うるさくてかなわんがな、ということになる。

◉タルタルソースの受難

刺身に何をつけて食べるか。

これはもうはっきりしている。

醬油である。

ではトンカツには何をつけて食べるか。

これもはっきりしている。

ソースである。

ソースにはウスターソースとか中濃とかいろいろあるが、きっぱりトンカツソース。

何しろはっきり「トンカツ」と指定されているのだから迷いようがない。

鰺のフライはどうか。

トンカツ以外のフライ物になってくると少し迷いが生じてくる。世間も少し騒がしくなる。

カキフライの場合はどうか。

帆立フライはどうか。

鮭のフライはどうか。

人はどうかしらんがわたしは刺身に味噌をつけて食べております
これが意外に合うので人にもすすめているのですが・・・

このあたりになってくると、「ソースでいいのか」の声が大きくなってくる。ぼくの場合は依然としてソース派。というより断固ソース派。しかもビタビタ派なので世間の目も厳しくなってくる。

ソース派は世間の反応を窺《うかが》うようになる。

そこに登場してくるのがタルタルソース一派である。しかも何だかエラソーに登場してくる。

言っておくけど定食屋に

は呼ばれても行かんかんね、という姿勢。

一応タルタルソースという名前になっているのでそのへんのソースと間違える人がいるかもしらんが身分が違うんだかんね、という態度。

ぼくあたりになるとこの威光にやられる。

たとえばレストランでカキフライを注文する。

カキフライの皿を持った店の人が向こうから近づいてくる。

そうすると、ぼくの手は自然にソースのビンに伸びてしっかり握りしめ、あとはもうカキフライにかけるばかりになっているのだが、目の前の皿を見るとカキフライの横にはタルタルソースが陣取っている。

このときのショックは大きい。

「やられた」

と思う。

屈辱感、そして敗北感。

上から見下ろされた、という意識。

「おれんち、貧しかったし、食卓にタルタルソースがのったことなんて一度もなかったし、だからカキフライにタルタルという発想もなかったので、今、こうしてすでにソースのビンを握ってしまっているこのおれ、しかもビタビタ派のおれ」

くやしい。

情けない。

たかがタルタルソースごときものにこんなにも劣等感を抱いてしまうおれ。

この感情は次第に敵意に変わっていく。

「おのれ、タルタルッ」

タルタルソースは
別にエラソーにしてる
わけじゃないの
いるのよ
僻みっぽい人が

箸で邪険にタルタルソースを脇へ除《よ》ける。

ついでにジャキジャキつついていじめる。

そうして、脇に除けたタルタルソースに見せつけるように、すでに手に握っているソースをカキフライに振りかける。

考えてみれば、カキフライの皿の上のタルタルソースを見た瞬間、まったく別の感情がわき起こってもよかったのだ。

「おっ、そうか。タルタルソースか。その手があったか」

とニッコリする。

そうして明るく、楽しく、タルタルソースをカキフライにつけて食べる。

あるいは、ときにはタルタルソースで食べ、そしてときにはソースをかけて食べる。なのに、今、こうしてタルタルソースをジャキジャキしているおれ。

「だいたいだネ、そっち（カキフライ）の態度がはっきりしないのがいかん」

鉾先が急旋回してカキフライに向かう。指名権はカキフライ側にあるのだ。

トンカツソースを見なさい。彼はスタートの時点できっぱりとかける相手を「トンカツ」と指名している。だから誰もが迷うことなくトンカツソースをトンカツにかけることができる。

カキフライはどうか。

とんかつ
ソース
「とんかつ専用」
というわけでは
ないのに
なぜ「とんかつ」？

カキフライは指名しなかった。

キャバクラでも客は、

「アケミちゃんを」

と指名するからこそアケミちゃんがやってきて事は無事に収まる。

これがもし「誰でもいいよ」ということになると、アケミちゃんとメグミちゃんが同時にやってきて揉めることになる。

カキフライがやっていることはこれと同じことなのだ。

「どっちでもいいよ」と言ったのでタルタルソースとソースが揉めることになった。

これがもし、そのソースのビンに「トンカツソース」というレッテルがついていたりすると事態は更に紛糾する。

先述のようにトンカツソースはかける相手をトンカツと指名しているのになぜカキフライにかけるのか。

おれの面子をつぶすのかッ。

そうして、ここでなぜか餃子の例を持ち出してくる。

「餃子を見なさい。彼の態度はまことに立派である」

飲食店で餃子を注文する。

焼きたての餃子が湯気を上げてやってくる。

そのとき客はどうするか。

今しも迷うことなく小皿に酢を注いでいる。

次に迷うことなく醬油を注いでいる。

そして最後に迷うことなくラー油。

最初から最後まで一瞬の迷いもない。

餃子が年月をかけて日本人をそうするように仕込んだのだ。

そう言われてカキフライは黙ってうつむく。

◉どうする赤飯

つゆだく。

今では知らない人はいないと思う。

牛丼につゆを沢山かけること。

〝つゆだくだく〟からきているらしい。

沢山という言葉はみんなに愛されている。

沢山が嫌いな人はいない。

「わたしは沢山よりちょびっとのほうが好きです」

という人は聞いたことがない。

盛り沢山、天こ盛り、豊富、潤沢、子沢山に至っては、少子化の時代、その好感度はますます高まりつつある。

牛丼のつゆだくはかなり昔からあったといわれているが、〝つゆだく現象〟そのものはずうーっと前の昔からあった。

あったのに、みんなが気がつかなかった。

早い話が居酒屋の「酒だく」。

居酒屋で日本酒を注文すると一升瓶をかかえてきて一合枡に入ったコップに注いでくれる店がある。

どんどん注ぐので酒はたちまちコップから溢れ出るが、コップは大きめの枡に入れてあるので大丈夫。

溢れ出た酒は枡にどんどん溜まる。

このときニコニコしない客はいない。

枡に溜まった酒は正規の量以上、すなわち〝酒だく〟。

そうか、あれは酒だくだ

ったのか、と今になって気がつく。

店のおやじが目の前で酒をコップから溢れさせているのを見て、

「やめろッ。けしからん」

という人はいません。

「蜜だく」というのもある。

ホットケーキは食べるとき上から蜜をかける。

タラタラかけた蜜はしたたり落ちてホットケーキの足元に溜まる。

溜まっているのに、「もうひとたらしかけちゃうもんね」

などとつぶやきながらもうひとたらしたらして、

「更にもうひとたらしかけちゃうもんね」

と、たらしちゃう。

「蜜だくだく」である。

おでんの「汁だく」。

おでん屋で、

「大根とチクワとハンペン」

と頼むと、おやじは小皿に大根とチクワとハンペンをのせ、最後におでんの汁をひしゃくですくって一杯、間《ま》をおいてもう一杯、ちょっと考えてもう一杯、皿の中は汁で溢れんばかり。

「やめろッ。けしからん」

と怒る客はいません。

このように「だく」現象は世の中に沢山あった。

そうか、そんなに沢山あったのか、けしからん、と怒る人がいないのはいうまでもありません。

そうか、そんなに「だく」があるのならウチも「粉だく」というのを出してみっか、と思ったのかどうかわからないが、本当に「粉だく」を出した会社があります。

「なにィ、粉だくぅ、いいかげんにしろ」

と、今度ばかりは怒り出す人がいると思うが、そのへんどうなんだろ、案外みんなニコニコOKなんじゃないかな。

「都こんぶ」、覚えていますか。

ぼくらの世代は、学校の遠足のときの必携品だった。

切手をタテに3枚並べたぐらいの大きさの板昆布で「旨スッパの白い粉」がふりかけてある。

これをしゃぶる。

子供のちょっとしゃれた嗜好品のようなものだった。

ちょっと甘くてちょっと酸っぱい白い粉がこの商品のポイントで、そのポイントの粉がこれまでの2倍ふりかけてある新商品「旨スッパの粉だく200%」が売り出されていたのをコンビニで発見。

そうか、そうか、粉だくか、やっぱりそう来たか、そう来ると思っていた、というわけではないが「だく」に目をつけたところが偉い。

ここで「だくの本質」を考えてみる。

牛丼屋のつゆだくはサービスとして提供される。

おでん屋の汁だくもサービスである。

ということはタダということである。

都こんぶの「粉だく」は粉賃をとっているかどうかはわからないが「だく」を名乗っている以上、タダでなければならない。

だくはそういう宿命を負っているのだ。

もし、万が一、都こんぶの会社が粉賃をとっていたとすればタダではおかぬ。

誰もがそう思っている。

その一方、だくにすれば誰もが喜ぶとは限らない。

かえって迷惑の場合もある。

幕の内弁当のゴハンが俵型になっていてその上にゴマがパラパラとふりかかっている。

これはあくまでパラパラがよいのであってこれがビッシリだとどうなるか。

あたり一面まっ黒。

食べると歯がまっ黒。

幕の内弁当は劇場の幕間に団体で食べることが多いので劇場の客全員の歯がまっ黒。

無気味。

お赤飯はどうなる？

お赤飯はもち米の中に小豆が多数混ざっている。

どのぐらいが適量なのか。

ゴハン茶わん一杯の赤飯に小豆は何粒が適量かという問題はこれまで一度だって論議されたことはない。

それをいいことに、

「当店のお赤飯は豆だく、大サービス」

を謳う店が出てきたらどうなる？

お赤飯を食ってんだか、小豆を食ってんだかわからなくなって客は怒り出して目出度いどころではなくなってくるぞ。

どうする、赤飯。

◉恐るべし、目刺し弁当

われわれは弁当に何を求めているのか。

たとえば駅の駅弁コーナー。

大きな駅なら200種以上の弁当が店内いっぱい壁面にまでズラリと並んでいる。

あたり一面弁当だらけ。

とりあえず弁当の名前をいくつか書いてみます。

「炙り牛たん弁当」「シウマイ弁当」「こぼれイクラととろサーモンハラス焼き弁当」「峠の釜めし」……。

まだ四つしか書いてないのに、

(シウマイもわるくないけど、イクラがこぼれていて、そこんところにとろろが加わって、エ？ とろろじゃなくて、とろサーモンがどうしたって？ ハラス焼き？)

と、買うわけでもないのに頭の中はグルグル。

駅弁ではなくて、ふだんの弁当でも、いざ買う段になると同じようなグルグル現象が起きる。

とりあえず見た目、見映えから選択が始まる。

豪華、色とりどり、おかずいっぱい、多彩、そして多菜。

そうした豪華で高価できらびやかな弁当群の中にあって、突然、貧を売りものにする弁当があったとしたら人々の目にどう映るか。

たとえば目刺し弁当。

目刺しは、そう言っては本人（目刺し）に失礼かもしれないが貧乏の象徴と言われている。

貧の巨匠としても名高い。

目刺しともう一つ名高いのがタクアン。

タクアンもまた貧乏人の

暮らしには欠かせないものの一つである。

万が一、この二つが揃うとまさに双璧、貧の世界が完結する。

この飽食の時代、いくら何でも目刺しだけの弁当はこの業界には参入してこないであろうと誰もが思うところであるが、ところがどっこい、目刺し弁当はすでにこの業界に参入していた。

菊太屋米穀店製「目刺し弁当」なるものが参入していた。

ぼくは知らなかったのだがこの米穀店はおにぎりの世界では有名な店らしい。

そも「目刺し弁当」とはいかなるものか。

目刺しが2匹。

タクアン2切れ。

おにぎり2個。

以上。きっぱり。

弁当箱ではなく竹の皮を模した包装紙に包んである。

ここで気がついてほしいのはタクアンである。

つい先ほど、目刺しと共に貧の双璧と名指しされたタクアンが、奇しくもここにタッグを組んでいるではないか。

宿命というもののおそろしさを感じずにはいられない。

世間の人は、いくらなんでも目刺しを主役にした弁当が売り出されるとは思わなかったはず。

目刺しの見た目は悲しい。

哀れである。

目は落ちくぼみ、体は干涸《から》び、痩せこけ、目刺しを見た人はとたんに暗い気持ちになる。

その暗鬱の巨匠がここでは主役を演じている。

何しろ出演しているのは目刺しとタクアンだけ。

梅干しに
泣いて詫びる
弁当会社のヒト
ゴメン

タクアンはどうしたって脇役だから、どうしたって目刺しが主役にならざるをえない。

とは言え主役は主役、生まれて初めての晴れの舞台である。

例の竹の皮風の包み紙を開けたとき、目刺しのくせに悪怯《び》れるふうもなく、妙に堂々としていたのは自分は主役である、タクアンをリードしている、という自覚があったればこそのふるまいだったのであろう。

と、ここまで書いてきて不安になった。

たった今、当然のように目刺しがタクアンをリードしていると書いたが果たしてそうか。

目刺しとタクアンと、どっちが貧乏か。

ここにおいて二者の貧乏争いが発生したことになる。

実力はどっちが上か。

覇権はどっちが握るのか。

と、貧乏の覇権争いが発生しているところへ更に厄介な問題を提起することにためらいがあるのだが、貧界の巨匠がもう一人いることを忘れていた。

梅干しである。

目刺し、タクアン、梅干し、この三者があってこそ貧乏界は成立する。

華やかな三役揃い踏み。

三者勢揃い、総出演であってこそ貧乏に華を添えることになるのであるが、ここでわれわれは気がつかざるをえない。

今回のテーマの「目刺し弁当」に梅干しは参加していない。

梅干しも貧乏の巨匠であった。

これにはふかーいワケがあるのであるが、諸賢、しばし心して待て。

貧乏人は暇なしなどと言ってとかく先を急ぎがちであるが、今回ばかりはこらえてつかーさい。

「貧に泣く」という諺がある。

ま、諺というほどのものではないかもしれないが、ま、教訓、というほどでもなく、ま、古くから言いならわされている言葉としてそういう状態がある。

目刺し弁当は貧に泣いたのである。

まず値段に注目しよう。

550円。

東京駅の駅弁コーナーに並んでいる弁当の多くは安くても800円、上を見れば1000円、2000円は当然。

その中での550円。

550円という値段の安さにここで改めて驚いてほしい。

その内容は目刺し2匹。

目刺しはふつう一連4匹で売られているのにたった2匹。

せめて3匹とは思ったらしいのだが2匹。

ここにもし梅干しを加えたらどうしても550円を超える。

弁当会社の苦衷推して知るべし。

◉カレーを舐めたらあかんで

毎日一回、昼めし時《どき》はやってくる。

ということは、毎日一回、必ず「昼めしに何を食べるか問題」が発生していることになる。

ということは一年に365回、「昼めし何にするか問題」が発生していることになる。

「いやー、気がつかなかったなー。そういうことだったんだなー」

と、いまさらながら感慨にふける人もいるかもしれない。

そういうことだったのです。

問題というものは、いったん発生すると解決を迫られる。

放ったらかしにすることはできない。

「ということは、自分は毎日毎日、その問題を解決しつつ今日までやってきたってことになるわけなのだなー」

そのとーり。

毎日毎日、きちんきちんと解決しつつ今日までやってきたのです。

どういうふうに解決しつつ今日に至ったのか。

たかが
カレー
と
カレーを舐めきって
出かけたワタナベ君で
あったが……

たぶん、こんなふうに……。

誰もがそうだと思うが、昼めしはなるべく簡単なものですまそうと思う。

そこで、カレーとかラーメンとかが浮上してくる。ラーメンはきのう食ったばっかだし、ということになって、

「今日はカレー」

という決断に至る。

そうと決まればあとはもうラクチン。

カレーの店を目指すのみ。

と思って心あたりのカレーの店に向かって歩き始め

たとたん、はたと立ちどまる。

まてよ。

カレーといってもいろいろあるぞ。

ドロッとした普通のカレー。

スープカレー。

ドライカレーというものもある。

ライスかそれともナンか。

ポークカレーかチキンカレーか。

そういえばカツカレーというものもある。

そうなってくるとカレー屋ではなくトンカツ屋に行くことになる。

まてよ。

立ち食い蕎麦屋でもカレーをやっている。

折も折、いま目の前に立ち食い蕎麦屋がある。

ここに入っちゃうか。

まてよ。

さっきふと浮かんだカツカレーにも未練がある。

となると、トンカツ屋ということになって、それだとこの交差点の反対側だし、あ、いま信号の青が点滅しているから渡るならいまだし、でも次の信号でもいいわけだし……頭の中大混乱。ぐるぐる。

ついさっき、ラクチンなどと言っていたのに足がもつれて転びそうになって「気をつけろい」と怒鳴られる。

そもそも決断が安直過ぎた。

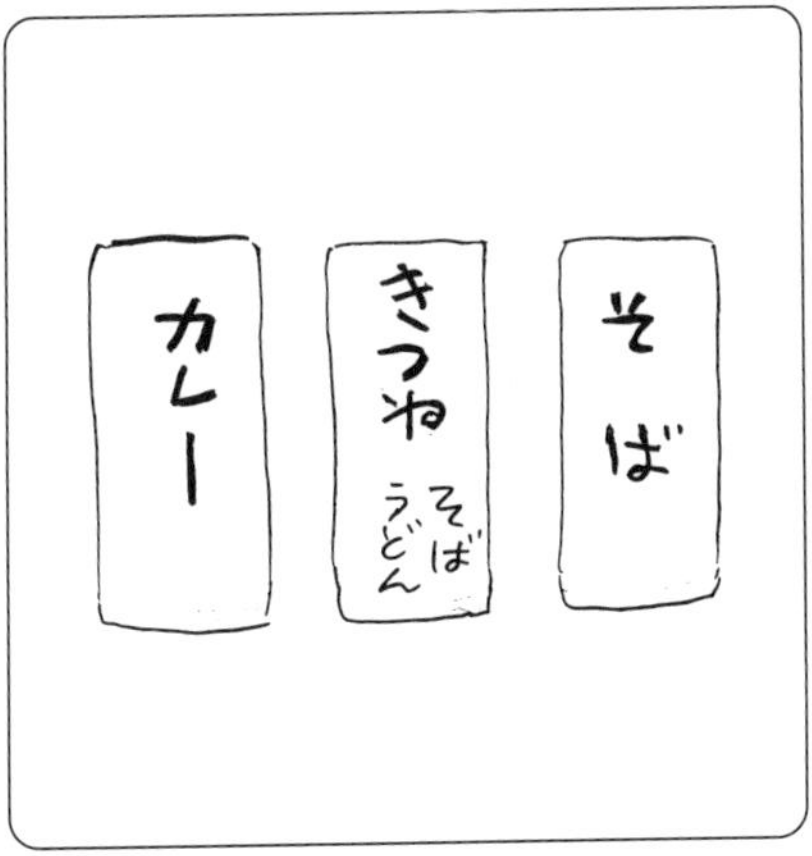

なぜカレーが浮上してきたかというと、その根底に「カレーでいい」という「でいい」の精神があった。「でいい」の精神はカレーを見くびったところから生まれる。

カレーは見くびられたのだ。

蔑《さげす》まれたのだ。

蔑まれればカレーだっていい気持ちはしない。

復讐を誓ったとしても誰も責めることはできない。

「獣《しし》食った報い」という諺がある。

彼（さっき転びそうになった人）はそれだったのだ。

まだ獣（この場合はカツカレー）は食ってないのだが食う前にやられたのである。

そのあと彼ははたしてカレーを食べることができたのか。

結局、いちばん最初に行こうと思った普通のカレー屋に行き、ドロッとした普通のカレーを頼み、ナンではなくライスで食べ、前半の多事多難に比べて極めて平穏な後半であった。

カレー自体も欧風カレー風の普通風のカレーでとてもおいしかった。

ここまでは順風であった。

満帆であった。

だが人生というものはそんな容易《たやす》いものではないことをその途中で知ることになる。

人生は波乱に満ちているので問題は常に発生する。

彼はその普通風カレーの摂取にとりかかった。

スプーンですくって一口食べるととてもおいしかった。

順風はますます満帆であった。

順風カレーを二口食べ、三口食べ、当然のことだが、

「ここで福神漬だナ」

と思った。

「あるいはラッキョだナ」

とも思った。

それらの容器に目を走らせた。

ここで問題が発生する。
福神漬の容器の中に福神漬がほんの少ししかなかった。
ラッキョの容器にラッキョが二個しかなかった。
彼はもともとカレーを食べるときは大量の福神漬が欲しいタイプであった。
ラッキョは少なくとも四個は欲しいタイプであった。
なのに両者の量があまりにも少ない。
カレーにおける福神漬及びラッキョ問題は微妙な要素を含んでいる。
この二者は店側のサービスなのか。
あるいは客側の当然の権利なのか。
まことに微妙、そして複雑、そこに自尊心と矜持と世間体がからんでくる。
「ラッキョはもう二個欲しいんだけど」
と、店の人になかなか言えない。辛い。
せっかくここまで順風が吹いていたのにここで逆風。
獣食った報い。
カレーを侮った報い。

◉天ぷらかフライか

料理法にはいろいろあって、煮る、焼く、茹でる、蒸す、炒める、揚げる……まだまだある。

その中で最も代表的なのが、煮ると焼く。

捨て台詞《ぜりふ》として、

「煮るなり焼くなり、どうにでもしやがれ」

というのがある。

これが、もし、

「蒸すなり揚げるなり、どうにでもしやがれ」

ということになると話がややこしくなる。

蒸すということになると蒸し器が必要になるし、揚げるとなると天ぷら油《あぶら》を用意しなければならなくなる。

石川五右衛門は釜茹でという刑で茹でられたわけであるが、これがもし炒められて死んだとしたらどうなる？　後《のち》の逸話もややこしいことになる。

石川五右衛門を炒めちゃいけません。

数《かず》ある料理法の中で「焼く」のが一番簡単。

煮る、だと容器が要るが、焼く、は火にかざせばいい。

一番ややこしいのが「揚げる」ということになると思うが、一番ややこしい分、一番おいしいのではないか。

何しろ材料の中に油が浸透する。

その分だけおいしくなる。

俗称、揚げもの。

揚げものの代表には天ぷらとフライの二種類がある。

さあ、ここで質問です。

あなたは天ぷらとフライのどっちが好きですか?

どっちかを選べということになったらどっちを選びますか？

海老でいきます。

海老フライと海老の天ぷら。

目の前に海老フライと海老の天ぷらが並んでいます。

揚げたてで湯気が上がっていることにしてもいいし、上がってないことにしてもいいのだが、やはり上がっているほうがいいかな。

上がっていることにします。

択一です。

さあ、困った。

あなたもいっしょに困ってください。

さんざん迷ったあげく、ぼくはフライを選びました。

決然と、ではなく、おずおずと。

だって両方おいしいんだもん。

と、急に子供の口調になってしまいましたが、子供の心に還《かえ》って選んだんだもん、と、またしても子供になってしまいました。

えてして子供は天ぷらよりフライが好き。

なぜでしょう。

見た目。

フライは全身が硬直して突っ張っていて頑張ってるな、という感じがするのに対し、天ぷらのほうはぐんにゃりしているというわけではないが、なんかこう、ちょっと取り澄まして上品ぶってるところがあるじゃないですか。

ホラ、ときどき、三角に折った白い紙の上に載って気取っていたりするじゃないですか。

その点、フライのほうは、スーパーの特売コーナーに気安く並んでいたりする。

間違ってもフライは白い紙の上に載ったりしません。

フライが白い紙の上に載ってるの見たことないもん。

天ぷらには天ぷらの専門店がある。

たいてい高級店で、お一人様一万円より、で、山本益博さんもしょっちゅう出入りしていて、ミシュランを狙ったりして、という店。

フライが出没するのは居酒屋か定食屋だぞ。

鯵フライ定食はせいぜい700円とか800円だぞ。

こういう店には山本さんは出入りしないぞ。

ミシュランも目指さないぞ。

というところが、実は好きなんだな、われわれは。

好感を持つ。

人柄というのかな。

揚げ柄がいい。

いつもまっすぐ（天ぷらはときどき曲がっていたりする）。

気取らない（紙を敷かない）。

リーダーシップ（定食屋では鯵のフライやイカのフライを配下にしている）。

風格（何しろ周りがサンマの開きとか納豆とかタクアン）。

そういうわけなので世間的には定食屋では海老フライの地位は高い。

常日ごろ、

「出るところへ出りゃオレは相当偉いんだかんな」

と周りに言いふらしているらしいが、その出るところというのは定食屋のことらしい、というのがもっぱらの噂である。

定食屋の巨匠、と呼ぶ人もいる。

ぼくは、あのトゲトゲというか、デコボコというか、コロモがとんがっているところが好き。

海老フライを口に入れて嚙むと、あのトゲトゲが舌や頬の内側にチクチクあたる感じが好き。

パン粉、頑張ってるなーと思う。トゲトゲに貢献してるなーと思う。

海老の天ぷらのほうにはあのトゲトゲがない。

パン粉を使わないので表面がなだらか、トゲトゲしていない。

高級な店ではコロモを一部分わざと薄くして海老の地肌を見せたりする。ちょっとだけよ、というその根性がイヤラシイ。

ここで天丼を問題にしたい。

天丼に載せるのは海老の天ぷらであってフライではない。

なぜか。

海老フライを使った天丼があってもよいではないか。

その理由をひと晩考えたのだがわからない。

三日考えてようやくわかった。

実にもう簡単。

天丼は天ぷらを載せるから天丼。フライを載せるならばフライであるからフラ丼として区別しなければならなくなる。どーする、天丼。

◉「だけ食い」という食べ方

「だけ食い」という言葉があります。

本当はありません。

だけど、あります。

「だけ食い」という実態はあります。

そこんとこだけを食べる食い方。

たとえば羊羹の角《かど》のとこ。

ここのとこは、ちょっとカリカリしていてファンも多く、たしか向田邦子さんも羊羹の角について書いていていたような気がする。

羊羹のおいしさは、本体にあるのだが、敢《あ》えて角のとこ。

カステラの底のとこも同様。

ここのところはザラメの食感がザリザリしていてここのファンも多い。

こういう部分食いは個人的な趣味というか、特殊な食べ方だと思っていたがそうではないらしい。

中華マンで有名な井村屋が具抜きの中華マン「すまん」を2020年からネットで販売しているという。「すまん」は「素(の中華)まん」と具が無くて「済まん」の両方の意味があってなかなかおしゃれ。

　そういえばかつて、山崎製パンが「メロンパンの皮焼いちゃいました。」という皮だけのメロンパンを売り出していた。

　メーカーも「だけ食い」に目を付けていたのだ。

　これから先「だけ食い」はどんどん流行《はや》っていくよ

うな気がする。

鰻重の蒲焼きの下のゴハンだけを炊き込みゴハンの隣に並べて売り出す。

梅干しのおにぎりの梅干しを抜いて、梅干しの味がしみ込んだあたりのゴハンを売り出す。

ワカメの味噌汁のワカメを引き上げて味噌汁に濡れそぼったのをそのまま売り出す。

おいしいと思うな、ワカメから味噌汁が垂れるのをそのままジルジルすすり込む。

あと、焼き鳥の肉と肉の間のネギ。

肉とネギ、肉とネギと交互に串に刺さっているのをわざとはずしてネギだけ食べる。

肉といっしょだったときの肉汁と脂がしみ込んでいてこたえられない味。

ここまでの「だけ食い」に共通して言えることは、どれもこれも脇役だということである。

羊羹の角のとこ、とか、鰻重の下のゴハンなどは脇役でさえないような気がする。

映画ではエンドロールに脇役の名前も出るが「羊羹の角のとこ」はエンドロールとして成り立つのか。

「鰻の蒲焼きの下のゴハン」としてエンドロールに登場してもいいのか、ダメなのか。

ここで世間の評価というものを考えてみることにします。

世間は羊羹の角のところをどう評価するだろうか。

ワカメの味噌汁のワカメをどう位置づけるだろうか。

焼き鳥に挟まれたネギをどう考えるだろうか。

取るに足りないもの、どうでもいいもの、無くてもいいものと考えるのではないでしょうか。世の中に埋もれているもの、意味の無いもの。

はたしてそうでしょうか。

羊羹に角が無くてもいいのでしょうか。

羊羹に角が無くなると、エート、どういう形になるんだろ？　四つの角を取っちゃうわけだから、エート、と困っちゃうじゃないですか。

鰻重の蒲焼きの下のゴハンを取っちゃうと蒲焼きはどこに置けばいいのか。

焼き鳥からネギを取っちゃったら、焼き鳥がスキマだらけになってしまうじゃないですか。

彼らにもそれぞれの功績がちゃんとあるのです。

認めてあげようではありませんか。

ずうっと長い間、彼らは日陰の身を耐えてきたのです。

ここで気づいてください。

だけ食いは、実は彼らの長年の労苦に応える表彰であるということを。

羊羹の場合を考えてみましょう。

羊羹の角は誰に注目されることなく（一部では注目）無名を耐えて生きてきた。

鰻の蒲焼きの下のゴハンも名もなく過ごしてきた。

ワカメの味噌汁のワカメも無視を嘆くことなく我慢してきた。

だけ食いはそうした彼らに一条の光を投げかけることになるのだ。

まさに、一隅を照らす。

彼らはずっと一隅であった。

そこに光を当てたことになる。

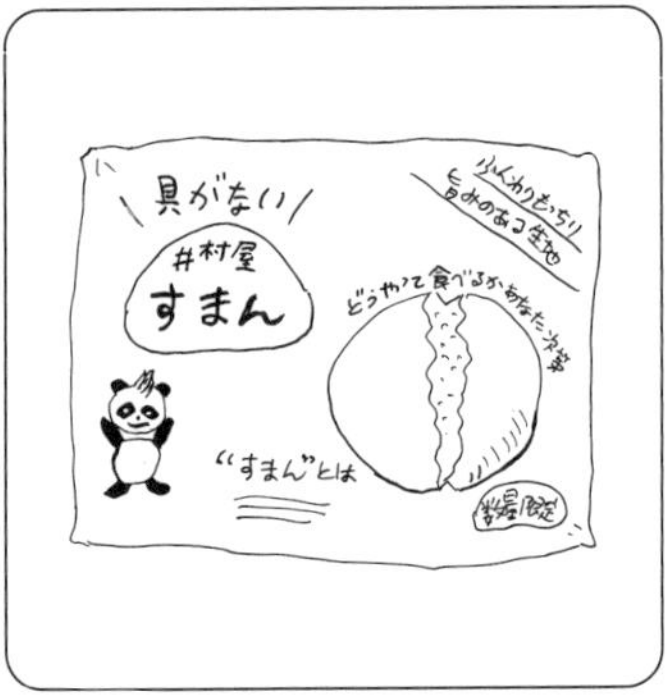

一隅を照らすは、畏れ多くもかの最澄、天台宗の開祖様のお言葉であるぞ。

頭《ず》が高い、控えおろう、ということになるぞ。

いやぁ、よかった、よかった。

これまでわたくしは味噌汁からワカメをすくい上げて食べるたびに、オレって、なんていじましいんだ、せこいんだ、と自分を責めていたが、これからは晴れて堂々、ワカメの「だけ食い」をするぞ。

ここでよく考えてみると、だけ食いは昔からあったことに気がつく。

蕎麦には天ぬきという食べ方があって、天ぷら蕎麦から蕎麦を抜いて天ぷらだけを食べる。

天ぷらにツユがしみてとてもおいしい。

となると逆天ぬきというものも考えられる。

天ぷら蕎麦から天ぷらを抜いて蕎麦だけ食べる。

これはこれでおいしいはず。

その寸前まで、その蕎麦は天ぷらといっしょだった。

天ぷらのコロモはツユにひたるとモロモロとくずれてツユに混ざる。このモロモロがおいしい。

このモロモロは同棲時代の名残でありシンボルである。

そのシンボルを楽しむなんて、なんて素敵。

◉シン寿司

世の中乱れておりまする。
寿司の世界も乱れておりまする。
最近の回転寿司のネタはしっちゃかめっちゃか、乱れに乱れております。
寿司のネタにはこれまで一応決まりがあった。
魚系で生《なま》。
玉子焼とか穴子などの火を通したものもあったが、これらは例外だった。
ところが最近、このシバリがなくなってきた。
いまはもう何でもアリの状態。
寿司の上に天ぷらが乗っていたりする。
焼き肉が乗っている。
牛刺しが乗っている。
イベリコ豚とかいうものが乗っている。
トウモロコシの粒々が乗っている。

もはや無法地帯。

そういったものは、いけない、これまで、乗せてはいけない、という決まりがあったわけではないが、世間の目というんですか、そういったものが、いけないよ、というようなことを言ってるようにみんなが思って乗せなかった。

それが、ここんとこへきて、「いいよ」というようなことになってきた。

いいよ、と言い出したのは回転寿司だった。

回転寿司が寿司のシバリを解き放ったのである。

寿司のネタたちに自由への道を切り開いたのである。

回転寿司の開祖は白石義明という人で、ビール工場のベルトコンベアから思いついたと言われている。

氏は寿司のネタたちに自由を与え解放した、というわけなので、一部では「寿司ネタのリンカーン」と呼ばれている（ような気がする）。

世情にも適合したのか、これらの新ネタの評判はよかった。

それまで「いけないよ」と言われていたので食べなかったが、食べてみたらとてもおいしかった。

世間にはこういうことがしばしばあるような気がする。

それまでしてはいけないよと言われてしなかったことをやってみたらとても良かったということ。

してはいけない恋。不倫。

してはいけないと言われてしなかったが、してみたらとてもよい味だった。

回転寿司の新ネタはまさにこれだったのだ。

勢いに乗った新ネタは前途洋々、どんなものが出てくるのだろう。

「シン寿司」の時代がやってきたのだ。

まっ先に思いついたのが焼きそば。

焼きそばを軍艦巻の上に乗せる。

「いくら何でも焼きそばァ？」

という意外性がおいしい。

ただ心配もある。

しばらくモグモグ噛んでいるうちに、口の中で両方が混ざってきて、自分はいま、焼きそばと寿司のどっちを食べているのかわからなくなるおそれがある。

わたしは
いま
どっちを
噛んでいるの
かしら

が、

「そのわからないところがおいしい」

ということもありうる。

ラーメンの具はどうか。

軍艦巻でいく。

そこへラーメンの具だけ乗せる。

丼の場合はメンマとチャーシューを乗せて丼のフチのところに海苔を立て掛けることになるが、この場合は海苔はすでに巻いてあるのでどうしたらいいか、と考えたのち、海苔ダブルということで美観的にも素晴らしくなるはず、などと考えると楽しくなる。

つゆ気も少し欲しい、という人にはほんの少しだけタラタラと掛け、やがてこれは「つゆタラ」と呼ばれるようになる。

かきフライもおいしそう。

これもやはり軍艦巻で、かきが一個ちんまりと寿司の上に乗っていて形がかわいらしい。

かきフライがいいということになると鶏の唐揚げもいいということになり鯵のフライもいいということになり、寿司屋で、

「次は鯵」

と注文すると、

「どっちにしましょう?」

ということになり、

「最初刺身、次にフライ」

と応じて、

「お客さん、粋だねえ」

ということになる(ならない?)。

そうなってくるといよいよフライ界の大物、トンカツ登場ということになる。

トンカツを一切れ寿司の大きさに合わせて切ってシャリの上に乗せる。

転げ落ちないように海苔を細く切って帯として巻くので、もはや寿司そのもの。

トンカツ登場、ここでシン寿司は大きな問題を抱えることになる。

日本人は寿司に何をつけて食べてきたか。

そうです醬油です。

ではトンカツには何をつけて食べてきたでしょうか。

そうです、ソースです。

その結果はどうなるでしょう。

そうです。

「寿司にソースをつけて食べる」

いいのか、そういうことで、と言われても、そうするよりほかはない。

シン寿司にはこういう問題があったのか、と悔やんでもいまさらどうにもならない。

やはり〈分をわきまえる〉ということが大切だったのだ。

身のほど知らずに「寿司にトンカツ」は、してはいけないことだったのだ。

泣く泣く「寿司にソース」の無法を犯すことになるはずだったが神は我を見捨てなかった。

トンカツ寿司はとてもおいしかった。

ヨカッタ、ヨカッタ。

◉目刺しは親戚同士なのか

丼物好きという人は多い。

天丼、かつ丼、親子丼、鰻丼、牛丼、海鮮丼。

天丼、かつ丼、親子丼で、いったん切って（句点にして）、鰻丼、牛丼、海鮮丼と続けると韻を踏んでいることに気づいて楽しくなる。

丼《どんぶり》の「ぶり」を取って丼《どん》にしたのもよかった。

どんどん楽しくなった。

もし丼《どんぶり》だったら、天どんぶり、かつどんぶり、親子どんぶり、鰻どんぶりということになって、言ってる人もだんだん疲れてきて、飽きてくるおそれがあった。

名前のつけ方もよかった。

特に親子丼が秀逸だった。

親子に目をつけたのがよかった。

他の5丼はすべてあたま、すなわち丼の上にのっている具について申しのべている。

天丼は天ぷら、かつ丼はとんかつ、鰻丼は鰻、牛丼は牛肉、海鮮丼は魚介。

この流儀でいけば、親子丼のあたまは鶏と卵であるから、当然、「鶏玉丼」となるべきであった。

なのに、突如、親と子という肉親関係を持ちだしてきた。

なぜか。

これは、やはり親と子というほのぼのとした情愛、温もりを表現したかったのだと思う（個人の感想です）。

親子丼にはそういう雰囲気がかもしだされているような気がする。

親子丼を見てみましょう。

湯気が上がってるじゃありませんか（冷えてなければ）。

子（卵）は親に抱かれ、親（鶏）は子を慈しみ、共にまみれて情愛の風景がそこにくりひろげられている。

そして全体をつらぬく幸福の色、黄色。

「黄色がなぜ幸福の色なのか、聞いてないぞ、オレは」

という人もいると思うが、ここであの映画を思い出してください。

「幸福の黄色いハンカチ」

「幸福の」と決めてかかっているではありませんか。

数ある丼物の中で親子丼の人気は高い。

丼界の中堅の地位を常に保っている（個人の感想です）。

それもこれも親子丼というネーミングの魅力によるのではないか（個人の感想です）。

逆に考えると、ネーミングで損をしている食べ物もあるはず。

名前を変えることによって人気が高まる食べ物。

たとえば焼き鳥。

鳥を焼く。

考えようによってはかなり残酷な話である。

別のネーミングを考えることにしよう。

「鶏玉丼」が「親子丼」になったようなネーミング。

焼き鳥も親子丼も偶然ではあるが同じ鶏である。

焼き鳥は一本の串に鶏とネギが交互に刺さっているのが多い。

親子丼が「鶏と卵」の関係。

焼き鳥は「鶏とネギ」の関係。

鶏と卵の関係が親と子の関係であることに気づいて親子丼というネーミングになった。

鶏とネギの関係も何らかの関係に持っていくことができるのではないか。

できる。

鴨とネギの関係。

これは格言になっているくらい深い関係にある。

「鴨がネギを背負ってくる」

鴨鍋にネギを入れると両者はとても良い味になる。

その鴨が人間の手をわずらわすことなく、自分でネギを背負って現れる、こんな親切なことってあるだろうか。

人に尽くす。善行である。

そしてその善行の当事者（鴨）は偶然とはいえ同じ鳥類であった。

鶏と鴨は親戚であるから話が通じる。

かくして親子丼の筋の者から焼き鳥の筋の者に話を通してもらって「焼き鳥」は以後めでたく「善行焼き」となる。

こうなったら騎虎《きこ》の勢い。

行きがかり上、もはややめることはできない。

日刺しも何とかしたい。

魚の目を刺す。

人道上許されない行為である。

目刺しは四匹が一連となっている。

そもそもあの一連はどういう集まりなのか。

どういう関係にあるのか。

知り合いなのか。

趣味のグループということも考えられる。たとえばコーラスグループとか。

昔、ダークダックスというグループがあった。

ゾウさんとかパクさんとかの四人組……あれ？　まてよ、またしても偶然、ダークダックスが四人で一組ならば目刺しも四匹で一連。と、ここまでは話がとんとん拍子できたのであるが、このことを目刺しの改名にどうつなげるか。

どう考えてもダークダックスと目刺しはつながりそうにない。

つまり、目刺しの四匹を趣味の集まりと見なしたのが誤りだったのだ。

別のグループと見なすことにする。

やっぱり親戚一同と見なすのが一番妥当なのではないか。

親戚で群れていたところ（法事とか）を一網打尽で捕えられた。

あるいは一網打尽で捕えたらその群れの中にその一同がいた。

うん、これだな、ちゃんと網という字も使ってるし。

ということで親戚ということにすると血のつながりということになっていき、血のつながりとなるとＤＮＡなんかも調べなきゃならなくなってくるし、そうなると一網打尽の中の一匹一匹の血液型？も調べなきゃならないし、そうなると費用もかかるので、このテーマはまたこんどねー。

◉訳あり

八百屋の店先にメロンが一個置いてあって300円の値札がついている。

エーッ？　メロンが一個300円？と思ってよく見ると、値札の下に小さく「訳あり」という字が見える。

「だろうナ」

とハゲシク納得する。

「だろうナ」の根拠は、訳がなければ、1000円以上するはずのメロンが300円のはずがないではないか。

その差、実に700円。

700円あれば牛丼が2杯近く食べられる。

問題は期限だナ。

メロンには食べごろの日付が書いてあって、その当日から遠ざかるにつれて値段が安くなっていく。

問題はこのメロンが当日からどのぐらい遠ざかっているか。

おばあさんは
しばしば梅干しにたとえられるが
その根拠は
皺《しゅ》?

３日か４日か。

いや、そんなもんじゃないだろう。

３日や４日だったら７００円も引かないだろう、引いてもせいぜい５００円だろう。

と、ここのところで店のおやじの顔を見る。

業《ごう》突く張りの顔をしている。

あの顔だとメロンは10日以上経っているはず、いや、12～13日は経っているナ。

店先の３００円のメロンを発見してからここまで、ずいぶんいろんなことを考えているのでかなりの時間がかかっているように思えるが、まだたったの一分しかかかっていない。

ものすごいスピードで考えをめぐらせていたのだ。

「訳あり」は、たった3文字であるが、その内容は実に広範な意味を含んでいる。

何しろ向こう（店）は最初から内容をぼかして「訳あり」などと訳のわからないことを言っているので、こちらとしてはその内容を勝手に類推するよりほかはない。

「訳あり」は食べ物だけでなく人間関係にも用いられる。

「社長と秘書のN子は訳ありでね」

という訳ありもある。

この場合、

「エ？　どういう訳ありで？」

などと訊き返してはならない。

「ハハーン！」

と黙ってうなずくのが正解。

そのとき、少し、ニヤッとすれば大正解。

メロンの「訳あり」は、もっぱら期間がポイントであったが、梅干しの「訳あり」は全く違った点が問題になってくる。

破損である。

梅干し業界には「つぶれ梅」という分野がある。

梅干しは潰れたらおしまい。

梅干しの中には一個500円などという高級梅干しもあるらしいが、これだって、ひとたび傷がついたらそれでおしまい、たちまち100円、いや、ヘタをすると50円になる。

500円が50円。

〝潰れる〟という言葉はもともと不吉な言葉で、潰れるという言葉を使った文脈に目出度いことがあったためしがない。

会社が潰れる、顔が潰れる、店が潰れる、心が潰れる、梅干しが潰れる、この文脈中に目出度いことが一つでもあったでしょうか。

その潰れと梅干しは密接な関係にある。

高級な梅干しの条件は「粒が大きい」と「皮が薄い」という2点であるという。

ところがネットを見ると、

「楽天市場・つぶれ梅の通販」という項目があって、

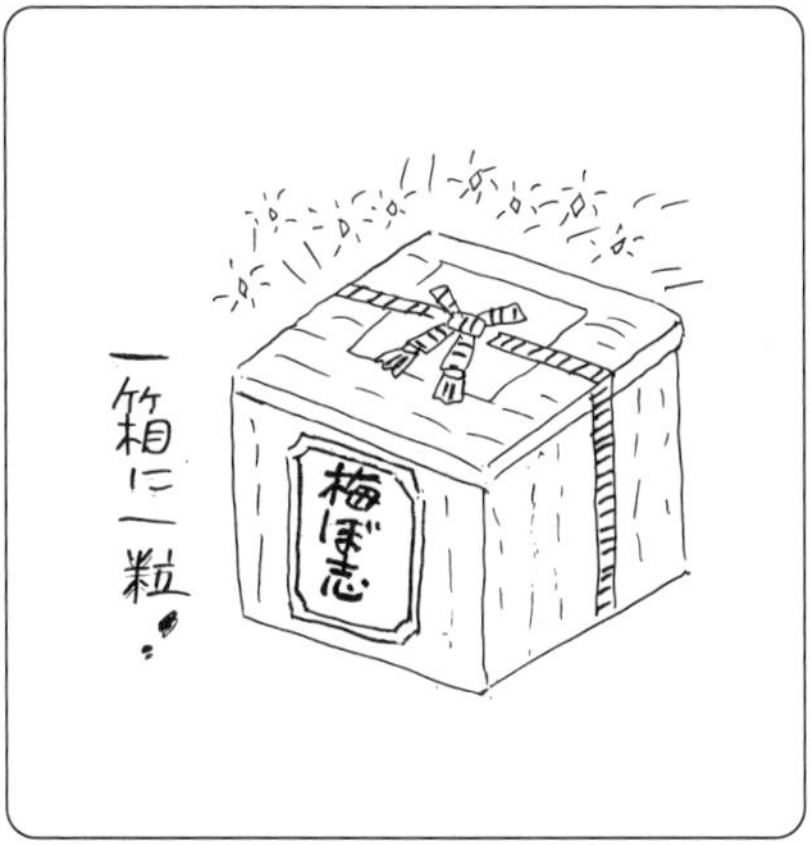

「『つぶれ梅』 1686件 人気商品を価格比較、ランキング・レビュー、口コミで検討できます。セール商品・送料無料商品も多数」

というのがある。

どうやら「つぶれ梅」は大きな市場であるらしい。

潰れても大丈夫、大繁栄、「潰れる」に希望をもたらした梅干し、希望の光、つぶれ梅、梅干しの未来は明るい。

潰れるといっても梅干し自身には何の罪もないのだ。

甕《かめ》の中でただじっとしていただけなのだ。

身動きひとつしなかったのだ。

潰れたり、傷がついたりしたのは全て他動によるものである。

梅干しに何の罪もないのだ。

そして、ここでわたくしが声を大にして主張したいことは、

「梅干しは有傷であろうが無傷であろうが、味に変化はない」

(傍点筆者)

ということである。

丸ごと一個を口に入れたときと、その破片を口に入れたときとで味に大きな変化があった、と証言できる人はいるだろうか。

もし大きな違いがあるとすれば梅干しで商売をしている人は商売が成り立たないことになる。おにぎり業界の人々はどうなる。おにぎりの中の梅干しは破片だぞ。梅干しの破片で商売している人はいっぱいいいるぞ。

「梅干茶づけ」の永谷園はどうなる？

社員は路頭に迷うことになるぞ。

つまり、「梅干しというものは、全容がどうあろうと、形がどう変わろうと味に変化はない」（傍点筆者）。

このことに反論できる人はいるだろうか。

「訳あり」ということでこの文章は始まったわけであるが、どういう訳か、いつのまにか永谷園の社員問題にまで発展してしまった。それもこれも「訳あり」などと、最初に遠まわしに物事を表現しようとしたせいなのだ。

何事も穏便にすまそう、そういう日本人のわるいくせがこの惨事を招いたのだ。

「訳あり」のほかに「難あり」というのもある。

これからはこの二句を禁句としようではないか、と呼びかけつつこの文章を終わらせたいと思う。

◉柏餅のバチ

大福餅をそこへ置いておくといつまで経っても大福餅である。
そこ、というのは皿の上でもいいし、テーブルの上にジカでもいい。
いつまで経っても、というのは一時間後でもいいし、半日後でもいい。
ところが、この大福餅にいきなり柏の葉っぱを着せる。
すると、いきなり柏餅になる。
その柏の葉をいきなり剝がすといきなり大福餅になる。
この仕組みに最初に気がついた人はエライ。
相当エライ。
どうやって気がついたのか。
これはあくまで私見であるが次のような経緯が考えられる。
物の本によると柏餅は江戸時代に少しずつ一般的になっていったらしい。
その柏餅をまだ誰も知らない江戸時代のある日ある時ある人が大福餅を食べていた。
仮に甚兵衛さんということにします。

とにもかくにも
葉っぱを剥かない
ことには事が
はじまらない

甚兵衛（推定年齢40歳）は陽当たりのいい縁側にすわって大福餅を食べていた。

「この大福、いいアンコ使ってるな」

かなんか思いながら食べていたんだと思う（くわしいことはわかりません）。

庭には一本の柏の木があった。

時あたかも5月、柏の葉は緑まっさかり。

そのとき甚兵衛は思った。

（大福餅の白を柏の葉の緑で包んでみたら……）

そう思って実際に柏の葉で包んでそれをジーッと見

ているうちに思った。

（これは柏餅そのものではないか）

その思いは甚兵衛一人ではなく江戸の人々も同じであった。

かくして柏餅は江戸中に普及していって今日に至っている。

内容に少々矛盾があるが、それに目をつむりさえすれば大いに納得できるストーリーといえるのではないか。

その説は説として、大福餅というものはもともとヤワヤワしていてか弱い感じがする。

肌は柔らかそうで破れそうだし、押せば凹《へこ》むし、いかにも軟弱というイメージがある。

このままではいけない。

誰かが保護してやらなければならない。

大福餅にはそういう思いに掻き立てられるところがある（個人の意見です）。

柏の木とてその思いは同じであった。

柏の木はもともと母性愛にあふれた木だったので（個人の意見です）、いたいけな大福餅を見ていたたまれない気持ちになって、そうだ、自分が保護しよう。

その思いが高じて自らの葉を大福餅のために捧げようと思った。

この説のほうが、さっきの甚兵衛うんぬんの話より納得性は高いような気がする。

説はまだある。

大福餅の肌は白くてモチモチしていて魅力的な餅肌である。

こういう肌はとかく触ってみたくなるのが人情である。

いきなり触る、というのは世間の目がうるさいので、とりあえず指先で押してみる。

そうするとヤワヤワと凹む。

凹んだあと少しずつ押し戻してくる。

一日中
大福餅を見つめている
井上さんであった

この戻り方に言うに言われぬ情緒がある。

何て言えばいいのか、嫌がってない戻り方、というのか。

こういう例が正しいのかどうか迷うところであるが、たとえば、

「ここつねっちゃうから」

というような感じで指でつねるとしますね。

そうすると、多くの場合、

「イヤン、バカン」

というようなことになりますね。

あれと同じように、指先で押すと「イヤン、バカン」という感じで戻る戻り方。

色気とは言わないまでも、柏餅には餅肌といい、イヤンバカンの戻り方といい、どうもそっちのほうの才能に長《た》けているところがあるような気がする。

そっちのほうの才能と関係があるのかどうかわからないが、柏餅は捲《めく》るという行為と無関係ではない。

とにもかくにも捲らないことには事は始まらないのだ。

捲ったあとで事は始まるのだ。

ぼくとしても、ついさっきコンビニで買ってきた柏餅の葉を今しも捲るところであった。

柏の葉っぱは
母性愛が
豊富である
と
いうことを知る人は
少ない

と、ここで事態は意外な方向に発展していくのであった。

柏餅の葉がビリビリ破れるのである。

そのコンビニものの柏餅はワンパック3個入りで208円。

柏の葉は当然ビニールの模造品であるからスルスルと剝けなければならない。

そのスルスル剝けるはずの葉がビリビリと破れるのである。

あちこちどんどん破れる。

あれ？　もしかすると本物？

でも一個がたった70円ぐらいの柏餅の葉が本物であるはずがない。

虫めがねを取り出して葉脈を点検する。
ためつすがめつ調べる。
どうやら正しい葉脈らしい。
植物図鑑を取り出す。
本物の葉の形と合ってるかどうか。
合ってる。
その柏餅は正しい柏餅だったのだ。
誠心誠意、正しくあろうとする柏餅であった。
その真心をぼくは疑ったのだ。
虫めがねや植物図鑑まで取り出してしつこく疑ったのだ。
わたしは恥ずかしい。
正直の頭《こうべ》に神やどる。
信じない頭にバチ当たる。
今は柏餅のバチが当たらないように祈るばかり。

◉ヨージの無念

食器を広辞苑で引くと、

【食事に使う器具・容器】

とあって、例として、茶碗・皿・鉢・箸・ナイフ・フォークが挙げられている。

スプーンが欠けているがもう一つ欠けているものにお気づきだろうか。

ヨージである。

え？　ヨージ？ ヨージが食器？ と疑念をもたれた人もいると思うが、ナメてはいけない、ヨージも立派な食器なのだ。

考えてもみたまえ。

食事の最後のところで当然のようにヨージに手を出し、当然のようにホジる人が大勢いる事実をどう見るか。

しかも、こういう人はこの行為に多大な時間をかける。

この時間はあきらかに〝食後のひととき〟であるから当然食事に費やしている時間ということになりヨージは広辞苑がいうところの食事に使う器具・容器ということになる。

理路整然、間然するところがない。

またこの〝ホジる人〟はどういうわけかその業務に非常に熱心で、シーハを一つの単位と考えると少なくとも5シーハ、中には10シーハは軽いという人はいくらでもいる。

このシーハのとき、ヨージを使っている反対側の手で口元を隠す人が多い。

なぜ隠すのか。

歯をヨージでホジるのは恥ずかしい行為なのか。

誰がそう決めたのかは不明であるが世間一般はそう

断じている。

この理由がぼくにはよくわからない。

ホジってどこが悪い？

歯をヨージでホジる、この行為のどの部分が恥ずかしいのか。

ホジるという行為そのものが恥ずかしいのか。

歯茎がかなり露呈するのが恥ずかしいのか。

いずれにしてもホジるという行為を行う器具はヨージである。

歯をホジるのが恥ずかしいとするならば、その主役たるヨージそのものも恥ずかしい、ということになる。

このへんの理論もまた整然。

ヨージそのものには何の罪もないのだ。

ヨージは無心である。

無垢である。

手で口元を隠すという行為は罪のないヨージをはずかしめたことになる。

どうしてもそうなる。

いいのか、それで。

われわれは、というか、世間一般はヨージを軽視する傾向がある。

ナメている、というか、バカにしてる、というか。

そこのところが、ぼくは不憫でならない。

歯と歯のスキマから虫歯予防のために食べ物をホジり出すという重要な仕事をしているのに全然評価されない。

その冷遇がはっきりわかるのが弁当関係である。

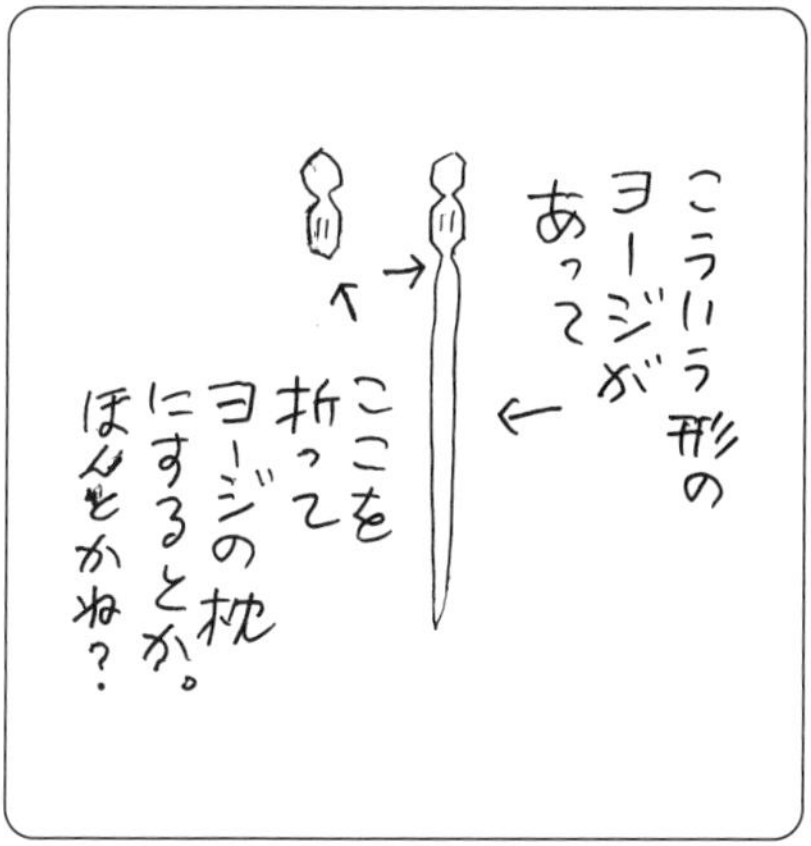
こういう形の
ヨージがあって
ここを折って
ヨージの枕にするとか。
ほんとかね？

特に駅弁関係。

駅弁の箸は箸袋に入っていることが多い。

箸袋を破って弁当を食べ、食べ終わって片づけるときに、箸袋にヨージも入っていたのに気がつくことがある。

(ヨージも入ってたんだ)

と思うが、思うだけでそのまま捨てられる。

このときのヨージの気持ちを思うと涙が出る。

その無念、その屈辱、くやしさ。

箸は専用の袋に入れられている。

袋にはわざわざ「御箸」「おてもと」などの文字。

一方、ヨージはその袋に同居、といえば聞こえはいいが間借りである。

昔だったら同居の場合は「山田方《かた》」とか「渡辺方」ということになるのだから、せめて「御箸方」とでもしといてくれればいいのに、とヨージは思う。

ヨージはどこへ行ってもぞんざいに扱われる。

箸には枕が用意される。

様々な形の箸置きがあって、箸のほうもすっかりその気になっているのだが、どういうわけか足のほうを枕にのせている。

世間知らず、というか、無知というか、箸の世界ではこれが常識ということも考えられるが。

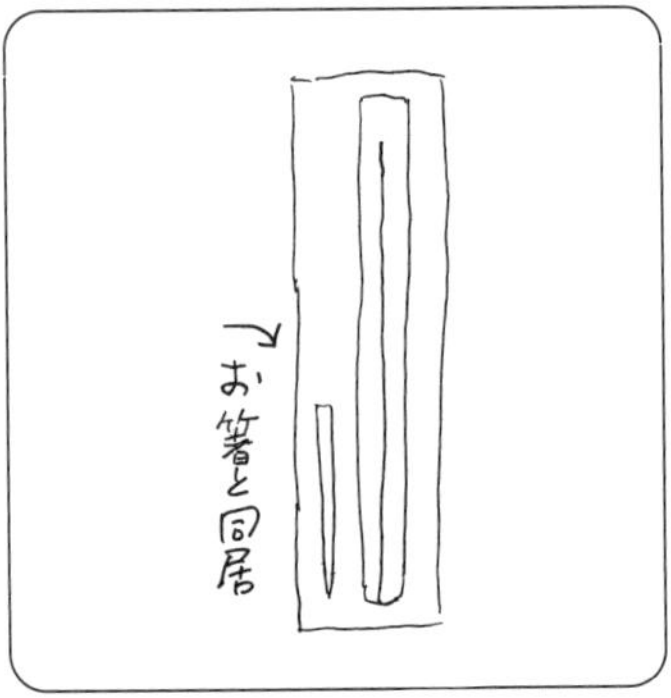

一方、ヨージには枕は用意されない。

「ヨージ置き」というものがあって当然だと思うが、そういうもの見たことありますか?

そこらあたりのことも、世間のヨージ軽視の考え方が如実に表れていると考えざるをえない。

ヨージは箸の家来《けらい》なのか。

どうもそういうふうに思わざるをえない現実がそこにある。

確かに箸は世間から優遇されている。

優良な杉の木で作られたり、象牙であったり、高価な漆《うるし》を塗ってもらったりしている。

形も丸かったり、四角だったり、マナーもいろいろ決まっている。

迷い箸はいけない、とか、渡し箸（器の上に渡して置く）はダメ、とか、立て箸（ゴハンにまっすぐ突きさす）は縁起が悪い、とか、実にもう様々な決まりがある。

ヨージにはそういう決まりが一切ない。

どうにでもしなさい、ということになっているので誰もがどうにでもしている。

ヨージ置きもないのでそのへんに放っぽっとく。散らかしておく。

しかも裸で。

ヨージは常に裸である。

ヨージ入れの中に入れられているときも裸。

そうして、ここがヨージの悲劇であるが、どれにもこれにも優劣がない。

ぜーんぶおんなじ。

どんぐりの背比べという言葉があるが、まさに、ヨージの背比べ、なのに世間はそのことには触れないようにしている。

ヨージへの思いやり？

◉いよいよ最終回

最終回にふさわしい食べ物は何か？

あるはずです。

慶事には慶事の食べ物。

お赤飯。千歳飴。尾頭《おかしら》つきの鯛。バースデーケーキ。

こう考えてくると、弔事とならないまでも、悔《くや》み事、すなわち悔事（かいじと読んでくださ い）にふさわしい食べ物もあってしかるべきではないか。

いいじゃないの、そんなものなくたって、と仰《おつしや》るかもしれないが、ぼくにはいまそれが必要なんです。

週刊朝日休刊。

青天の霹靂。

まさに悔事。

書きたいことはまだまだいっぱいあった。

あれも書きたかった。

仕事のない火曜日の朝泣いているおとーさん
納豆の入った味噌汁

これも書きたかった。

なのに、ぷっつり。

こういう悔事のときに食べる食べ物はこれです、というものがない。

たとえばものすごく硬い煎餅。

しかも超極辛《ごくから》。

これをモノスゴイ形相で齧る。

モノスゴク辛いから涙が出る。

まさに悔事にぴったりなので、昔から〝悔事煎餅〟として浅草に行けば売っている、ということになっているとラクなのだが、いまのところ浅草に行っても売ってない。

でも、あったらいいな。

でも、ない。

となると、自分で考え出すしかない。

一品としてではなく献立として考えてもよい。

こういうときっていうのは悔事であると同時に、どこか寂しい心境にもなる。

組織を離れてしまった寂しさ。

葡萄が一粒、房から転がり出てしまった心境。

その心境にふさわしい食べ物。

ナンダロ。

物寂しい食べ物。

食べているうちにだんだん悲しくなってくる食べ物。

泣きながら食べるにふさわしい食べ物。

トコロ天なんかどうでしょうか。

トコロ天てズルズルすすっているうちに、ナンダカ情けなくなってくるってことありませんか。

自分はいま、なぜ、このようなものをズルズルすすっているのか。

何か意味があるのか。

考えてみると何の意味もないではないか。

だったら、なぜ、いま、ズルズルすすっているのか、第一、噛んでさえいないじゃないか、と思いつつすするのを中断すると口の端からトコロ天がダラリ、馬鹿面《づら》、情けないオレ。

ナメコ汁はどうか。

ナメコ汁はどこがどう物寂しいってわけではないのだが、あの汁をズルズルすすっていると、自主性っていうのかな、そういうものに疑問をもつようになっていく。

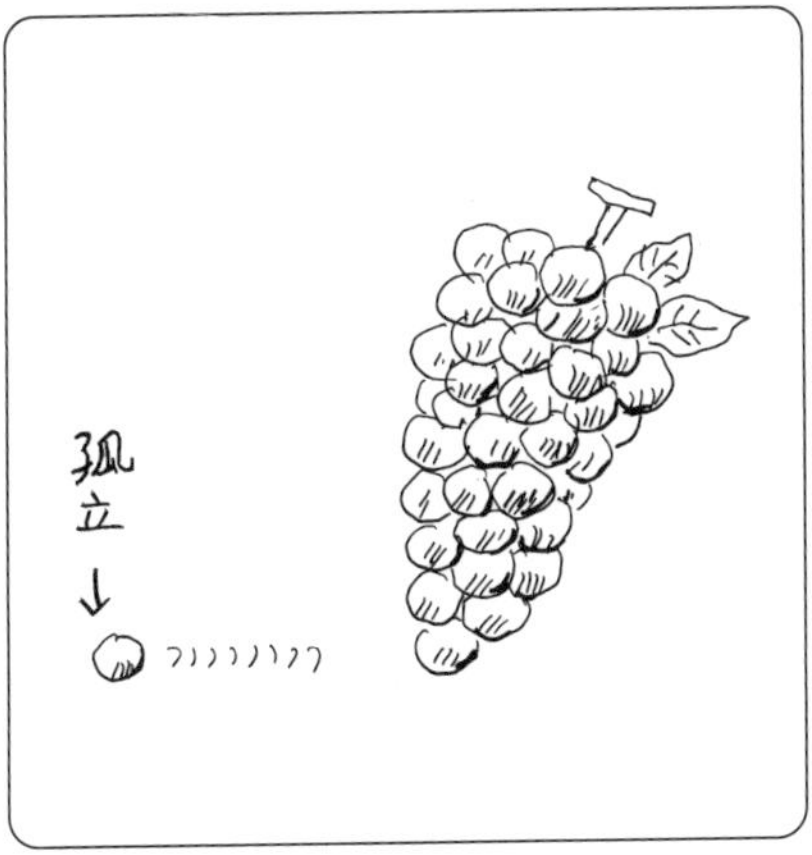

なにしろ相手は勝手にどんどん入りこんでくるわけで、自分の意志はいまどうなっているのか。

ナメコの勝手な侵入をどうすることもできないオレ、情けないオレ。

週刊朝日休刊によって心が深く傷ついているので、ナメコにさえ傷つく。

「あれも食いたいこれも食いたい」は36年間続いた。

サラリーマンでいえば36年勤続。

それを辞めることになる。

締め切りは毎週火曜日の夕方だった。

だから毎週火曜日は朝から大忙しだった。
朝、起きるときから緊張していた。
来週の火曜日、朝起きる。
することがない。何かあるような気がするが、何もない。
ノロノロと起きる。
朝食、ということになる。
こういう日の朝食はどういうことになるのか。

何の考えもなく
ただウジャウジャと
群れているものたち
何らかの秩序が
ほしい
トコロ天

　どういう献立になるのだろう。
もちろん、お赤飯は出てこない。
尾頭つきの鯛も出てこないし千歳飴も出てこない。
では何が出てくるのか。
いまからそのことを考えておく必要がある。
とにもかくにも派手であってはならない。
あくまで地味、控えめ。暗め。
ゴハンは白いゴハンではなくボソボソの麦めし。
もちろん、ワザと硬めに炊く。
問題は味噌汁の具である。

悲しみを伴う具でなければならない。

と簡単に言うものの、では具体的に、悲しみを伴う味噌汁の具を、と言われて、

「まず、あれだな」

と思い当たる人はまずいないのではないか。

東北地方には納豆をドロドロにしてから味噌汁に入れる納豆汁というものがあるという。

うん、まさにこれ！　うまく説明できないが、心境的にはこの味噌汁。

おかずはどうする？　やっぱり目刺しでしょう。

殺生の目刺の藁を抜きにけり　川端茅舎
こういう日の朝のおかずは明るくてはいけない。

目刺の藁、何という暗さだろう。

お新香も暗くなくてはいけない。

と言われても〝暗いお新香〟はむずかしい。

タクアンはむしろポリポリと明るい。

ポリポリ、ダメ。

グニャグニャするナスの古漬け。

これで来週の火曜日の朝食の献立はととのった。

来週の火曜日の朝食のテーブルにすわるのがいまからコワイ。

〈初出〉「週刊朝日」２０２２年２月18日号〜２０２３年６月９日号（「あれも食いたいこれも食いたい」）

本文中の価格、名称、肩書などは掲載時のものです。商品の中には販売終了になったものもあります。

東海林さだお（しょうじ・さだお）
1937年東京都生まれ。漫画家、エッセイスト。早稲田大学露文科中退。70年『タンマ君』『新漫画文学全集』で文藝春秋漫画賞、95年『ブタの丸かじり』で講談社エッセイ賞、97年菊池寛賞受賞。2000年紫綬褒章受章。01年『アサッテ君』で日本漫画家協会賞大賞受賞。11年旭日小綬章受章。

カレーライスの丸《まる》かじり

2024年1月30日　第1刷発行
2024年2月20日　第2刷発行

著　　者　東海林さだお
発 行 者　宇都宮健太朗
発 行 所　朝日新聞出版

〒104-8011　東京都中央区築地5-3-2
電話　03-5541-8832（編集）
　　　03-5540-7793（販売）

印刷製本　TOPPAN株式会社

Published in Japan by Asahi Shimbun Publications Inc.
ISBN978-4-02-251958-0
※定価はカバーに表示してあります。